RECETAS MEDITERRÁNEAS 2022

MUCHAS RECETAS ASEQUIBLES Y SABROSAS

FÁCILES DE HACER PARA SORPRENDER A TUS INVITADOS

JUAN FERNANDEZ

Tabla de contenido

Muffins de pizza de quinua 9

Pan de Pan de Romero y Nueces..11

Panini malhumorado sabroso..14

Pizza y pastelería perfecta 16

Modelo Mediterráneo Margherita 20

Piezas de picnic empaquetadas portátiles 22

Frittata rellena con aderezos de calabacín y tomate picantes.................23

Pan de plátano con crema agria 25

Pan de pita casero 27

Sándwiches de pan plano 29

Fuente de Mezze con Pan Zaatar Pita Tostado 31

Mini Shawarma de Pollo..33

Pizza de berenjena...35

Pizza Mediterránea de Trigo Integral 37

Horneado de espinacas y queso feta Pita 38

Pizza de sandía con queso feta y balsámico 40

Hamburguesas de especias mixtas 41

Prosciutto - Lechuga - Sándwiches de tomate y aguacate 43

Pastel de espinacas...45

Hamburguesas de pollo con queso feta 47

Cerdo Asado para Tacos 49

Pastel de Manzana Italiana - Aceite de Oliva 51

Tilapia rápida con cebolla morada y aguacate 53

Pescado a la plancha con limones 55

Cena de pescado en sartén durante la semana	57
Palitos de pescado de polenta crujientes	59
Cena de salmón en sartén	61
Hamburguesas toscanas de atún y calabacín	63
Cuenco de atún y col rizada siciliana	65
Estofado de Bacalao Mediterráneo	67
Mejillones al vapor en salsa de vino blanco	69
Camarones A La Naranja Y Al Ajillo	71
Horneado de ñoquis y camarones asados	73
Puttanesca de camarones picantes	75
Sándwiches de atún italiano	77
Wraps de ensalada de salmón y eneldo	79
Pastel de pizza de almejas blancas	81
Harina de pescado con frijoles al horno	83
Estofado de bacalao con champiñones	84
Pez espada especiado	86
Manía de pasta con anchoas	88
Pasta con camarones y ajo	89
Salmón meloso con vinagre	91
Harina de Pescado a la Naranja	92
Zoodles de camarones	93
Harina de Espárragos y Trucha	94
Atún Kale Oliva	96
Camarones picantes al romero	98
Salmón Espárrago	100
Ensalada de atún con nueces	101
Sopa Cremosa De Camarones	103

Salmón Especiado con Quinoa Vegetal 105
Trucha Mostaza Con Manzanas..107
Ñoquis con Camarones..109
Camarones Saganaki..111
Salmón mediterráneo...113
Linguini de mariscos 115
Salsa de tomate y camarones con jengibre..117
Camarones y Pasta 120
Bacalao Escalfado 122
Mejillones al vino blanco 124
Salmón Dilly..126
Salmón Suave 128
Melodía de atún 129
Queso de mar 130
Filetes Saludables 131
Salmón a base de hierbas..132
Atún Glaseado Ahumado..133
Halibut crujiente 134
Atún en forma 135
Filetes de pescado frescos y calientes...136
Mejillones O 'Marine 137
Asado de ternera mediterráneo en olla de cocción lenta 138
Ternera mediterránea en olla de cocción lenta con alcachofas..............140
Asado flaco estilo mediterráneo en olla de cocción lenta 142
Pastel de carne en olla de cocción lenta 144
Hoagies mediterráneos de carne de cocción lenta 146
Asado de cerdo mediterráneo..148

Pizza de carne	150
Albóndigas de ternera y bulgur	153
Sabrosa carne de res y brócoli	155
Chili De Maíz De Res	156
Plato de ternera balsámico	157
Carne asada con salsa de soja	159
Chuck de ternera al romero asado	161
Chuletas de cerdo y salsa de tomate	163
Pollo con Salsa de Alcaparras	164
Hamburguesas de Pavo con Salsa de Mango	166
Pechuga de pavo asada con hierbas	168
Salchicha de pollo y pimientos	170
pollo Piccata	172
Pollo toscano en una sartén	174
Pollo Kapama	176
Pechugas de pollo rellenas de espinacas y queso feta	178
Muslos de pollo al horno con romero	180
Pollo con Cebollas, Papas, Higos y Zanahorias	181
Gyros de pollo con tzatziki	183
Musaca	185
Solomillo de cerdo Dijon y hierbas	188
Filete con salsa de vino tinto y champiñones	190
Albóndigas Griegas	193
Cordero con Habichuelas	195
Pollo en salsa de tomate y balsámico	197
Ensalada de arroz integral, queso feta, guisantes frescos y menta	199
Pan Pita Integral Relleno De Aceitunas Y Garbanzos	201

Zanahorias Asadas con Nueces y Frijoles Cannellini 203

Pollo Con Mantequilla Sazonado 205

Pollo con tocino y queso doble 207

Camarones al Limón y Pimienta 209

Halibut empanizado y condimentado 211

Salmón al Curry con Mostaza 213

Salmón con costra de nuez y romero 214

Espaguetis Rápidos con Tomate 216

Queso Horneado Con Orégano Y Chile 218

311. Pollo Italiano Crujiente 218

Muffins de pizza de quinua

Tiempo de preparación: 15 minutos.

Hora de cocinar : 30 minutos

Porciones: 4

Nivel de dificultad: Fácil

Ingredientes:

- 1 taza de quinua cruda
- 2 huevos grandes
- ½ cebolla mediana, cortada en cubitos
- 1 taza de pimiento morrón cortado en cubitos
- 1 taza de queso mozzarella rallado
- 1 cucharada de albahaca seca
- 1 cucharada de orégano seco
- 2 cucharaditas de ajo en polvo
- 1/8 cucharadita de sal
- 1 cucharadita de pimientos rojos triturados
- ½ taza de pimiento rojo asado, picado *
- Salsa para pizza, aproximadamente 1-2 tazas

Direcciones:

Precalienta el horno a 350oF. Cocine la quinua según las instrucciones. Combine todos los ingredientes (excepto la salsa) en un tazón. Mezclar bien todos los ingredientes.

Coloque la mezcla de quinua para pizza en el molde para muffins de manera uniforme. Rinde 12 muffins. Hornee por 30 minutos hasta que los muffins se pongan dorados y los bordes se pongan crujientes.

Cubra con 1 o 2 cucharadas de salsa para pizza y ¡disfrútelo!

Nutrición (por 100 g): 303 Calorías 6,1 g Grasas 41,3 g Carbohidratos 21 g Proteínas 694 mg Sodio

Pan de Pan de Romero y Nueces

Tiempo de preparación: 5 minutos.

Hora de cocinar : 45 minutos

Porciones: 8

Nivel de dificultad: Difícil

Ingredientes:

- ½ taza de nueces picadas
- 4 cucharadas de romero fresco picado
- 1 1/3 tazas de agua carbonatada tibia
- 1 cucharada de miel
- ½ taza de aceite de oliva virgen extra
- 1 cucharadita de vinagre de sidra de manzana
- 3 huevos
- 5 cucharaditas de gránulos de levadura seca instantánea
- 1 cucharadita de sal
- 1 cucharada de goma xantana
- ¼ taza de suero de leche en polvo
- 1 taza de harina de arroz blanco
- 1 taza de almidón de tapioca
- 1 taza de almidón de arrurruz
- 1 ¼ tazas de mezcla de harina sin gluten para todo uso Bob's Red Mill

Direcciones:

En un tazón grande, bata bien los huevos. Agregue 1 taza de agua tibia, miel, aceite de oliva y vinagre.

Sin dejar de batir continuamente, incorpora el resto de ingredientes excepto el romero y las nueces.

Sigue batiendo. Si la masa está demasiado firme, revuelva un poco de agua tibia. La masa debe ser peluda y espesa.

Luego agregue el romero y las nueces continúe amasando hasta distribuir uniformemente.

Cubra el tazón de masa con una toalla limpia, colóquelo en un lugar cálido y déjelo reposar durante 30 minutos.

A los quince minutos del tiempo de subida, precaliente el horno a 400oF.

Engrase generosamente con aceite de oliva una olla de 2 cuartos de galón y precaliente dentro del horno sin la tapa.

Una vez que la masa termine de levantarse, retire la olla del horno y coloque la masa dentro. Con una espátula húmeda, esparza la parte superior de la masa de manera uniforme en la olla.

Unte la parte superior del pan con 2 cucharadas de aceite de oliva, cubra la olla y hornee durante 35 a 45 minutos. Una vez que el pan esté listo, retírelo del horno. Y retire suavemente el pan de la olla. Deje que el pan se enfríe al menos diez minutos antes de cortarlo. Servir y disfrutar.

Nutrición (por 100 g): 424 Calorías 19 g Grasas 56,8 g Carbohidratos 7 g Proteínas 844 mg Sodio

Panini malhumorado sabroso

Tiempo de preparación: 5 minutos.

Hora de cocinar : 10 minutos

Porciones: 4

Nivel de dificultad: Fácil

Ingredientes:

- 1 cucharada de aceite de oliva
- Pan francés partido y cortado en diagonal
- 1 libra de cangrejo camarones
- ½ taza de apio
- ¼ taza de cebolla verde picada
- 1 cucharadita de salsa Worcestershire
- 1 cucharadita de jugo de limón
- 1 cucharada de mostaza de Dijon
- ½ taza de mayonesa light

Direcciones:

En un tazón mediano, mezcle bien lo siguiente: apio, cebolla, Worcestershire, jugo de limón, mostaza y mayonesa. Sazone con pimienta y sal. Luego agregue suavemente las almendras y los cangrejos.

Unte el aceite de oliva en los lados del pan rebanado y unte con la mezcla de cangrejo antes de cubrir con otra rebanada de pan.

Ase el sándwich en una prensa Panini hasta que el pan esté crujiente y estriado.

Nutrición (por 100 g): 248 Calorías 10,9 g Grasas 12 g Carbohidratos 24,5 g Proteínas 845 mg Sodio

Pizza y pastelería perfecta

Tiempo de preparación: 35 minutos.

Hora de cocinar : 15 minutos

Porciones: 10

Nivel de dificultad: Difícil

Ingredientes:

- <u>Para la masa de pizza:</u>
- 2 cucharaditas de miel
- 1/4 oz. Levadura activa seca
- 11/4 tazas de agua tibia (aproximadamente 120 ° F)
- 2 cucharadas de aceite de oliva
- 1 cucharadita de sal marina
- 3 tazas de harina integral + 1/4 de taza, según sea necesario para amasar
- <u>Para la cobertura de la pizza:</u>
- 1 taza de salsa pesto
- 1 taza de corazones de alcachofa
- 1 taza de hojas de espinaca marchitas
- 1 taza de tomate secado al sol
- 1/2 taza de aceitunas Kalamata
- 4 onzas. queso feta
- 4 onzas. queso mixto de partes iguales de mozzarella baja en grasa, asiago y provolone Aceite de oliva

- **Complementos de cobertura opcionales:**
- Pimiento morrón
- Pechuga de pollo, tiras Albahaca fresca
- piñones

Direcciones:

Para la masa de pizza:

Precaliente su horno a 350 ° F.

Revuelva la miel y la levadura con el agua tibia en su procesador de alimentos con un accesorio de masa. Licúa la mezcla hasta que esté completamente combinada. Deje reposar la mezcla durante 5 minutos para asegurar la actividad de la levadura mediante la aparición de burbujas en la superficie.

Vierta el aceite de oliva. Agrega la sal y licúa por medio minuto. Agregue gradualmente 3 tazas de harina, aproximadamente media taza a la vez, mezclando durante un par de minutos entre cada adición.

Deje que su procesador amase la mezcla durante 10 minutos hasta que quede suave y elástica, espolvoreándola con harina siempre que sea necesario para evitar que la masa se pegue a las superficies del tazón del procesador.

Saca la masa del bol. Déjelo reposar durante 15 minutos, cubierto con una toalla húmeda y tibia.

Estire la masa hasta que tenga un grosor de media pulgada y espolvoree con harina según sea necesario. Haga agujeros indiscriminadamente en la masa con un tenedor para evitar que la corteza burbujee.

Coloque la masa enrollada perforada sobre una piedra para pizza o una bandeja para hornear. Hornea por 5 minutos.

Para la cobertura de la pizza:

Unte ligeramente la base de pizza horneada con aceite de oliva.

Vierta sobre la salsa pesto y extienda bien sobre la superficie de la base de la pizza, dejando un espacio de media pulgada alrededor de su borde como la base.

Cubra la pizza con corazones de alcachofa, hojas de espinaca marchitas, tomates secados al sol y aceitunas. (Cubra con más complementos, según desee). Cubra la parte superior con el queso.

Coloque la pizza directamente en la rejilla del horno. Hornee por 10 minutos hasta que el queso burbujee y se derrita desde el centro hasta el final. Deje que la pizza se enfríe durante 5 minutos antes de cortarla.

Nutrición (por 100 g): 242,8 Calorías 15,1 g Grasas 15,7 g Carbohidratos 14,1 g Proteína 942 mg Sodio

Modelo Mediterráneo Margherita

Tiempo de preparación: 15 minutos.

Hora de cocinar : 15 minutos

Porciones: 10

Nivel de dificultad: Difícil

Ingredientes:

- Cáscara de pizza de 1 lote
- 2 cucharadas de aceite de oliva
- 1/2 taza de tomates triturados
- 3 tomates Roma, en rodajas de 1/4 de pulgada de grosor
- 1/2 taza de hojas de albahaca fresca, en rodajas finas
- 6 onzas. bloque de mozzarella, cortado en rodajas de 1/4 de pulgada, secar con una toalla de papel
- 1/2 cucharadita de sal marina

Direcciones:

Precaliente su horno a 450 ° F.

Unte ligeramente la base de la pizza con aceite de oliva. Extienda bien los tomates triturados sobre la base de la pizza, dejando un espacio de media pulgada alrededor de su borde como la corteza.

Cubra la pizza con las rodajas de tomate Roma, las hojas de albahaca y las rodajas de mozzarella. Espolvorea sal sobre la pizza.

Transfiera la pizza directamente sobre la rejilla del horno. Hornee hasta que el queso se derrita desde el centro hasta la corteza. Dejar a un lado antes de cortar en rodajas.

Nutrición (por 100 g): 251 Calorías 8 g Grasas 34 g Carbohidratos 9 g Proteína 844 mg Sodio

Piezas de picnic empaquetadas portátiles

Tiempo de preparación: 5 minutos.

Hora de cocinar : 0 minutos

Porciones: 1

Nivel de dificultad: Fácil

Ingredientes:

- 1 rebanada de pan integral, cortada en trozos pequeños
- 10 piezas de tomates cherry
- 1/4 oz. queso curado, rebanado
- 6 aceitunas curadas en aceite

Direcciones:

Empaque cada uno de los ingredientes en un recipiente portátil para servirle mientras toma un refrigerio sobre la marcha.

Nutrición (por 100 g): 197 Calorías 9 g Grasas 22 g Carbohidratos 7 g Proteína 499 mg Sodio

Frittata rellena con aderezos de calabacín y tomate picantes

Tiempo de preparación: 10 minutos.

Hora de cocinar : 15 minutos

Porciones: 4

Nivel de dificultad: Fácil

Ingredientes:

- Huevos de 8 piezas
- 1/4 de cucharadita de pimiento rojo triturado
- 1/4 cucharadita de sal
- 1 cucharada de aceite de oliva
- 1 pieza de calabacín pequeño, cortado en rodajas finas a lo largo
- 1/2 taza de tomates cherry rojos o amarillos, cortados por la mitad
- 1/3 taza de nueces, picadas en trozos grandes
- 2 onzas. bolas de mozzarella fresca del tamaño de un bocado (bocconcini)

Direcciones:

Precalienta tu asador. Mientras tanto, mezcle los huevos, el pimiento rojo triturado y la sal en un tazón mediano. Dejar de lado.

En una sartén para asar de 10 pulgadas colocada a fuego medio-alto, caliente el aceite de oliva. Coloque las rodajas de calabacín en una capa uniforme en el fondo de la sartén. Cocine durante 3 minutos, dándoles la vuelta una vez, a la mitad.

Cubra la capa de calabacín con tomates cherry. Rellene la mezcla de huevo sobre las verduras en una sartén. Cubra con nueces y bolas de mozzarella.

Cambia a fuego medio. Cocine hasta que los lados comiencen a cuajar. Con una espátula, levante la frittata para que las porciones crudas de la mezcla de huevo fluyan por debajo.

Coloque la sartén en el asador. Ase la frittata a 4 pulgadas del fuego durante 5 minutos hasta que la parte superior esté firme. Para servir, corta la frittata en gajos.

Nutrición (por 100 g): 284 Calorías 14g Grasas 4g Carbohidratos 17g Proteínas 788mg Sodio

Pan de plátano con crema agria

Tiempo de preparación: 10 minutos.

Hora de cocinar : 1 hora 10 minutos

Porciones: 32

Nivel de dificultad: promedio

Ingredientes:

- Azúcar blanca (0,25 taza)
- Canela (1 cucharadita + 2 cucharaditas)
- Mantequilla (.75)
- Azúcar blanca (3 tazas)
- Huevos (3)
- Plátanos muy maduros, triturados (6)
- Crema agria (envase de 16 oz.)
- Extracto de vainilla (2 cucharaditas)
- Sal (0,5 cucharaditas)
- Bicarbonato de sodio (3 cucharaditas)
- Harina para todo uso (4.5 tazas)
- Opcional: nueces picadas (1 taza)
- También se necesitan: moldes para pan de 4 a 7 por 3 pulgadas

Direcciones:

Configure el horno para que alcance los 300 ° Fahrenheit. Engrase los moldes para pan.

Tamiza el azúcar y una cucharadita de canela. Espolvorea la sartén con la mezcla.

Batir la mantequilla con el resto del azúcar. Tritura los plátanos con los huevos, la canela, la vainilla, la crema agria, la sal, el bicarbonato de sodio y la harina. Agregue las nueces al final.

Vierta la mezcla en las cacerolas. Hornéalo durante una hora. Atender

Nutrición (por 100 g): 263 Calorías 10,4 g Grasas 9 g Carbohidratos 3,7 g Proteínas 633 mg Sodio

Pan de pita casero

Tiempo de preparación: 15 minutos.

Hora de cocinar : 5 horas (incluye tiempos de subida)

Porciones: 7

Nivel de dificultad: Difícil

Ingredientes:

- Levadura seca (.25 oz.)
- Azúcar (.5 cucharaditas)
- Harina de pan / mezcla de trigo para todo uso e integral (2.5 tazas + más para espolvorear)
- Sal (0,5 cucharaditas)
- Agua (.25 taza o según sea necesario)
- aceite según sea necesario

Direcciones:

Disuelva la levadura y el azúcar en ¼ de taza de agua tibia en un recipiente pequeño para mezclar. Espere unos 15 minutos (listo cuando esté espumoso).

En otro recipiente tamizar la harina y la sal. Haga un agujero en el centro y agregue la mezcla de levadura (+) una taza de agua. Amasar la masa.

Colócalo sobre una superficie ligeramente enharinada y amasa.

Ponga una gota de aceite en el fondo de un tazón grande y enrolle la masa para cubrir la superficie.

Coloque un paño de cocina humedecido sobre el recipiente de masa. Envuelva el recipiente con un paño húmedo y colóquelo en un lugar cálido durante al menos dos horas o durante la noche. (La masa duplicará su tamaño).

Golpea la masa y amasa el pan y divídelo en bolitas. Aplana las bolas en discos ovalados gruesos.

Espolvoree un paño de cocina con la harina y coloque los discos ovalados encima, dejando suficiente espacio para expandirse entre ellos. Espolvoree con harina y coloque otro paño limpio encima. Déjelo reposar de una a dos horas más.

Pon el horno a 425 ° Fahrenheit. Coloque varias bandejas para hornear en el horno para calentar brevemente. Engrase ligeramente las bandejas de horno calentadas con aceite y coloque los discos de pan ovalados sobre ellas.

Espolvorea los óvalos ligeramente con agua y hornea hasta que estén ligeramente dorados o de seis a ocho minutos.

Sírvelos mientras estén calientes. Coloque el pan plano en una rejilla y envuélvalo en un paño limpio y seco para mantenerlo suave para más tarde.

Nutrición (por 100 g): 210 Calorías 4 g Grasas 6 g Carbohidratos 6 g Proteínas 881 mg Sodio

Sándwiches de pan plano

Tiempo de preparación: 10 minutos.

Hora de cocinar : 20 minutos

Porciones: 6

Nivel de dificultad: Fácil

Ingredientes:

- Aceite de oliva (1 cucharada)
- Pilaf de 7 granos (paquete de 8.5 oz.)
- Pepino inglés sin semillas (1 taza)
- Tomate sin semillas (1 taza)
- Queso feta desmenuzado (0,25 taza)
- Jugo de limón fresco (2 cucharadas)
- Pimienta negra recién molida (0,25 cucharaditas)
- Hummus simple (envase de 7 oz.)
- Wrap de pan plano blanco integral (3 a 2.8 oz cada uno)

Direcciones:

Cocine el pilaf como se indica en las instrucciones del paquete y déjelo enfriar.

Pica y combina el tomate, el pepino, el queso, el aceite, el pimiento y el jugo de limón. Dobla el pilaf.

Prepara los rollitos con el hummus a un lado. Vierta el pilaf y dóblelo.

Cortar en un sándwich y servir.

Nutrición (por 100 g): 310 Calorías 9 g Grasas 8 g Carbohidratos 10 g Proteínas 745 mg Sodio

Fuente de Mezze con Pan Zaatar Pita Tostado

Tiempo de preparación: 10 minutos.

Hora de cocinar : 10 minutos

Porciones: 4

Nivel de dificultad: promedio

Ingredientes:

- Rondas de pita de trigo integral (4)
- Aceite de oliva (4 cucharadas)
- Zaatar (4 cucharaditas)
- Yogur griego (1 taza)
- Pimienta negra y sal kosher (a tu gusto)
- Hummus (1 taza)
- Corazones de alcachofa marinados (1 taza)
- Aceitunas surtidas (2 tazas)
- Pimientos rojos asados en rodajas (1 taza)
- Tomates cherry (2 tazas)
- Salami (4 oz.)

Direcciones:

Use la configuración de fuego medio-alto para calentar una sartén grande.

Engrase ligeramente el pan de pita con el aceite por cada lado y agregue el zaatar para condimentar.

Prepare en lotes agregando la pita en una sartén y tostando hasta que se dore. Debería tomar unos dos minutos por cada lado. Corta cada una de las pitas en cuartos.

Sazone el yogur con pimienta y sal.

Para armar, dividir las papas y agregar el hummus, el yogur, los corazones de alcachofa, las aceitunas, los pimientos rojos, los tomates y el salami.

Nutrición (por 100 g): 731 Calorías 48 g Grasas 10 g Carbohidratos 26 g Proteínas 632 mg Sodio

Mini Shawarma de Pollo

Tiempo de preparación: 10 minutos.

Hora de cocinar : 1 hora 15 minutos

Porciones: 8

Nivel de dificultad: Fácil

Ingredientes:

- <u>El pollo:</u>
- Filetes de pollo (1 libra)
- Aceite de oliva (0,25 taza)
- Limón - ralladura y jugo (1)
- Comino (1 cucharadita)
- Ajo en polvo (2 cucharaditas)
- Pimentón ahumado (0,5 cucharaditas)
- Cilantro (0,75 cucharaditas)
- Pimienta negra recién molida (1 cucharadita)
- <u>La salsa:</u>
- Yogur griego (1,25 tazas)
- Jugo de limón (1 cucharada)
- Diente de ajo rallado (1)
- Eneldo recién picado (2 cucharadas)
- Pimienta negra (.125 cucharaditas / al gusto)
- Sal kosher (al gusto)
- Perejil fresco picado (0,25 taza)
- Cebolla roja (la mitad de 1)

- Lechuga romana (4 hojas)
- Pepino inglés (la mitad de 1)
- Tomates (2)
- Mini pan de pita (16)

Direcciones:

Mezcle el pollo en una bolsita tipo cremallera. Bate las guarniciones de pollo y agrégalas a la bolsa para marinar hasta por una hora.

Prepare la salsa combinando el jugo, el ajo y el yogur en un recipiente para mezclar. Agregue el eneldo, el perejil, la pimienta y la sal. Coloca en el frigorífico.

Calienta una sartén a temperatura media. Transfiera el pollo de la marinada (deje que el exceso se escurra).

Cocine hasta que esté bien cocido o unos cuatro minutos por lado. Córtalo en tiras del tamaño de un bocado.

Cortar finamente el pepino y la cebolla. Triturar la lechuga y picar los tomates. Ensamble y agregue a las pitas: el pollo, la lechuga, la cebolla, el tomate y el pepino.

Nutrición (por 100 g): 216 Calorías 16 g Grasas 9 g Carbohidratos 9 g Proteínas 745 mg Sodio

Pizza de berenjena

Tiempo de preparación: 10 minutos.

Hora de cocinar : 30 minutos

Porciones: 6

Nivel de dificultad: promedio

Ingredientes:

- Berenjenas (1 grande o 2 medianas)
- Aceite de oliva (.33 taza)
- Pimienta negra y sal (al gusto)
- Salsa marinara - comprada en la tienda / casera (1.25 tazas)
- Queso mozzarella rallado (1.5 tazas)
- Tomates cherry (2 tazas, cortados por la mitad)
- Hojas de albahaca rasgadas (.5 taza)

Direcciones:

Caliente el horno a 400 ° Fahrenheit. Prepara la bandeja para hornear con una capa de papel para hornear.

Corte los extremos de la berenjena y póngalos en rodajas de ¾ de pulgada. Coloca las rodajas en la hoja preparada y unta ambos lados con aceite de oliva. Espolvorea con pimienta y sal a tu gusto.

Ase la berenjena hasta que esté tierna (de 10 a 12 min.).

Transfiera la bandeja del horno y agregue dos cucharadas de salsa encima de cada sección. Termine con la mozzarella y de tres a cinco trozos de tomate encima.

Hornea hasta que el queso se derrita. Los tomates deberían comenzar a formar ampollas en unos cinco a siete minutos más.

Saca la bandeja del horno. Sirve y decora la albahaca.

Nutrición (por 100 g): 257 Calorías 20 g Grasas 11 g Carbohidratos 8 g Proteínas 789 mg Sodio

Pizza Mediterránea de Trigo Integral

Tiempo de preparación: 10 minutos.

Hora de cocinar : 25 minutos

Porciones: 4

Nivel de dificultad: Fácil

Ingredientes:

- Corteza de pizza integral (1)
- Pesto de albahaca (frasco de 4 oz.)
- Corazones de alcachofa (.5 taza)
- Aceitunas Kalamata (2 cucharadas)
- Pepperoncini (2 cucharadas escurridas)
- Queso feta (0,25 taza)

Direcciones:

Programe el horno a 450 ° Fahrenheit.

Escurrir y desmenuzar las alcachofas. Cortar / picar el pepperoncini y las aceitunas.

Coloca la masa de pizza sobre una superficie de trabajo enharinada y cúbrela con pesto. Coloque la alcachofa, las rodajas de pepperoncini y las aceitunas sobre la pizza. Por último, desmenuza y agrega el queso feta.

Hornee por 10-12 minutos. Atender.

Nutrición (por 100 g): 277 Calorías 18,6 g Grasas 8 g Carbohidratos 9,7 g Proteínas 841 mg Sodio

Horneado de espinacas y queso feta Pita

Tiempo de preparación: 5 minutos.

Hora de cocinar : 22 minutos

Porciones: 6

Nivel de dificultad: Difícil

Ingredientes:

- Pesto de tomate secado al sol (bote de 6 oz)
- Roma - tomates ciruela (2 picados)
- Pan de pita integral (seis de 6 pulgadas)
- Espinaca (1 manojo)
- Champiñones (4 en rodajas)
- Queso parmesano rallado (2 cucharadas)
- Queso feta desmenuzado (.5 taza)
- Aceite de oliva (3 cucharadas)
- Pimienta negra (al gusto)

Direcciones:

Pon el horno a 350 ° Fahrenheit.

Cepille el pesto en un lado de cada pan de pita y colóquelos en una bandeja para hornear (con el pesto hacia arriba).

Enjuaga y pica las espinacas. Cubra las pitas con espinacas, champiñones, tomates, queso feta, pimienta, queso parmesano, pimienta y un chorrito de aceite.

Hornee en el horno caliente hasta que el pan de pita esté crujiente (12 min.). Corta las pitas en cuartos.

Nutrición (por 100 g): 350 Calorías 17,1 g Grasas 9 g Carbohidratos 11,6 g Proteínas 712 mg Sodio

Pizza de sandía con queso feta y balsámico

Tiempo de preparación: 10 minutos.
Hora de cocinar : 15 minutos
Porciones: 4
Nivel de dificultad: Fácil

Ingredientes:

- Sandía (1 pulgada de grosor desde el centro)
- Queso feta desmenuzado (1 oz.)
- Aceitunas Kalamata en rodajas (5-6)
- Hojas de menta (1 cucharadita)
- Glaseado balsámico (.5 cucharadas)

Direcciones:

Corta la sección más ancha de la sandía por la mitad. Luego, corta cada mitad en cuatro gajos.

Sirva en un plato de pastel redondo como una pizza y cubra con las aceitunas, el queso, las hojas de menta y el glaseado.

Nutrición (por 100 g): 90 calorías 3 g de grasa 4 g de carbohidratos 2 g de proteína 761 mg de sodio

Hamburguesas de especias mixtas

Tiempo de preparación: 10 minutos.

Hora de cocinar : 30 minutos

Porciones: 6

Nivel de dificultad: promedio

Ingredientes:

- Cebolla mediana (1)
- Perejil fresco (3 cucharadas)
- Diente de ajo (1)
- Pimienta de Jamaica molida (0,75 cucharaditas)
- Pimienta (0,75 cucharaditas)
- Nuez moscada molida (0,25 cucharaditas)
- Canela (.5 cucharaditas)
- Sal (0,5 cucharaditas)
- Menta fresca (2 cucharadas)
- 90% de carne molida magra (1,5 lb)
- Opcional: salsa tzatziki fría

Direcciones:

Pica finamente el perejil, la menta, el ajo y la cebolla.

Batir la nuez moscada, la sal, la canela, la pimienta, la pimienta de Jamaica, el ajo, la menta, el perejil y la cebolla.

Agregue la carne y prepare seis (6) hamburguesas oblongas de 2x4 pulgadas.

Use el ajuste de temperatura media para asar las hamburguesas o ase a cuatro pulgadas del fuego durante 6 minutos por lado.

Cuando estén listos, el termómetro para carnes registrará 160 ° Fahrenheit. Sirva con la salsa si lo desea.

Nutrición (por 100 g): 231 Calorías 9 g Grasas 10 g Carbohidratos 32 g Proteínas 811 mg Sodio

Prosciutto - Lechuga - Sándwiches de tomate y aguacate

Tiempo de preparación: 10 minutos.

Hora de cocinar : 10 minutos

Porciones: 4

Nivel de dificultad: Fácil

Ingredientes:

- Prosciutto (2 oz./8 rodajas finas)
- Aguacate maduro (1 cortado por la mitad)
- Lechuga romana (4 hojas enteras)
- Tomate maduro grande (1)
- Rebanadas de pan integral o de trigo integral (8)
- Pimienta negra y sal kosher (0,25 cucharaditas)

Direcciones:

Corta las hojas de lechuga en ocho pedazos (total). Corta el tomate en ocho rodajas. Tostar el pan y colocarlo en un plato.

Quite la pulpa del aguacate de la piel y colóquela en un tazón para mezclar. Espolvoree ligeramente con pimienta y sal. Batir o triturar suavemente el aguacate hasta que esté cremoso. Repartir sobre el pan.

Haz un sándwich. Tome una rebanada de tostada de aguacate; cúbralo con una hoja de lechuga, una rodaja de prosciutto y una rodaja de tomate. Cubra con otra rodaja de tomate lechuga y continúe.

Repita el proceso hasta que se agoten todos los ingredientes.

Nutrición (por 100 g): 240 Calorías 9 g Grasas 8 g Carbohidratos 12 g Proteínas 811 mg Sodio

Pastel de espinacas

Tiempo de preparación: 10 minutos.

Hora de cocinar : 60 minutos

Porciones: 6

Nivel de dificultad: promedio

Ingredientes:

- Mantequilla derretida (.5 taza)
- Espinaca congelada (paquete de 10 oz.)
- Perejil fresco (.5 taza)
- Cebollas verdes (.5 taza)
- Eneldo fresco (.5 taza)
- Queso feta desmenuzado (.5 taza)
- Queso crema (4 oz.)
- Requesón (4 oz.)
- Parmesano (2 cucharadas - rallado)
- Huevos grandes (2)
- Pimienta y sal (al gusto)
- Masa filo (40 hojas)

Direcciones:

Caliente el horno a 350 ° Fahrenheit.

Pica la cebolla, el eneldo y el perejil. Descongela las espinacas y las láminas de masa. Seque las espinacas exprimiéndolas.

Combine las espinacas, las cebolletas, los huevos, los quesos, el perejil, el eneldo, la pimienta y la sal en una licuadora hasta que esté cremoso.

Prepare los pequeños triángulos filo rellenándolos con una cucharadita de la mezcla de espinacas.

Cepille ligeramente la parte exterior de los triángulos con mantequilla y colóquelos con el lado de la costura hacia abajo en una bandeja para hornear sin engrasar.

Colóquelos en el horno caliente para hornear hasta que estén dorados e inflados (20-25 min.). Sirva bien caliente.

Nutrición (por 100 g): 555 Calorías 21,3 g Grasas 15 g Carbohidratos 18,1 g Proteínas 681 mg Sodio

Hamburguesas de pollo con queso feta

Tiempo de preparación: 10 minutos.

Hora de cocinar : 30 minutos

Porciones: 6

Nivel de dificultad: promedio

Ingredientes:

- ¼ de taza de mayonesa reducida en grasa
- ¼ de taza de pepino finamente picado
- ¼ de cucharadita de pimienta negra
- 1 cucharadita de ajo en polvo
- ½ taza de pimiento rojo dulce asado, picado
- ½ cucharadita de condimento griego
- 1.5 libras de pollo molido sin grasa
- 1 taza de queso feta desmenuzado
- 6 bollos de hamburguesa de trigo integral

Direcciones:

Precaliente el asador al horno con anticipación. Mezcla la mayonesa y el pepino. Dejar de lado.

Combine cada uno de los condimentos y pimiento rojo para las hamburguesas. Mezclar bien el pollo y el queso. Forme la mezcla en empanadas de 6 ½ pulgadas de espesor.

Cocine las hamburguesas en un asador y colóquelas aproximadamente a cuatro pulgadas de la fuente de calor. Cocine hasta que el termómetro alcance 165 ° Fahrenheit.

Sirve con panecillos y salsa de pepino. Adorne con tomate y lechuga si lo desea y sirva.

Nutrición (por 100 g): 356 Calorías 14 g Grasas 10 g Carbohidratos 31 g Proteínas 691 mg Sodio

Cerdo Asado para Tacos

Tiempo de preparación: 10 minutos.

Hora de cocinar : 1 hora 15 minutos

Porciones: 6

Nivel de dificultad: promedio

Ingredientes:

- Paletilla de cerdo asada (4 lb)
- Chiles verdes cortados en cubitos (2 latas de 4 oz)
- Chile en polvo (0,25 taza)
- Orégano seco (1 cucharadita)
- Condimento para tacos (1 cucharadita)
- Ajo (2 cucharaditas)
- Sal (1.5 cucharaditas o al gusto)

Direcciones:

Configure el horno para que alcance los 300 ° Fahrenheit.

Coloque el asado encima de una hoja grande de papel de aluminio.

Escurre los chiles. Pica el ajo.

Mezcle los chiles verdes, el condimento para tacos, el chile en polvo, el orégano y el ajo. Frote la mezcla sobre el asado y cubra con una capa de papel de aluminio.

Coloque la carne de cerdo envuelta sobre una rejilla para asar en una bandeja para hornear galletas para atrapar cualquier fuga.

Ásalo durante 3,5 a 4 horas en el horno caliente hasta que se deshaga. Cocine hasta que el centro alcance al menos 145 ° Fahrenheit cuando se pruebe con un termómetro para carne (temperatura interna).

Transfiera el asado a un bloque para picar para triturar en trozos pequeños con dos tenedores. Condimente como desee.

Nutrición (por 100 g): 290 Calorías 17,6 g Grasas 12 g Carbohidratos 25,3 g Proteínas 471 mg Sodio

Pastel de Manzana Italiana - Aceite de Oliva

Tiempo de preparación: 10 minutos.

Hora de cocinar : 1 hora 10 minutos

Porciones: 12

Nivel de dificultad: promedio

Ingredientes:

- Manzanas gala (2 grandes)
- Jugo de naranja - para remojar manzanas
- Harina para todo uso (3 tazas)
- Canela molida (.5 cucharaditas)
- Nuez moscada (.5 cucharaditas)
- Polvo de hornear (1 cucharadita)
- Bicarbonato de sodio (1 cucharadita)
- Azúcar (1 taza)
- Aceite de oliva (1 taza)
- Huevos grandes (2)
- Pasas de uva doradas (0,66 taza)
- Azúcar de repostería - para espolvorear
- También se necesita: molde para hornear de 9 pulgadas

Direcciones:

Pelar y picar finamente las manzanas. Rocíe las manzanas con suficiente jugo de naranja para evitar que se doren.

Remojar las pasas en agua tibia durante 15 minutos y escurrir bien.

Tamiza el bicarbonato de sodio, la harina, el polvo de hornear, la canela y la nuez moscada. Déjelo a un lado por ahora.

Vierta el aceite de oliva y el azúcar en el tazón de una batidora de pie. Mezcle a fuego lento durante 2 minutos o hasta que esté bien combinado.

Licue mientras se ejecuta, rompa los huevos uno a la vez y continúe mezclando durante 2 minutos. La mezcla debe aumentar de volumen; debe ser espeso, no líquido.

Combine bien todos los ingredientes. Haga un agujero en el centro de la mezcla de harina y agregue la mezcla de aceitunas y azúcar.

Retirar las manzanas del exceso de jugo y escurrir las pasas que se han estado remojando. Agréguelos junto con la masa, mezclando bien.

Prepare la bandeja para hornear con papel pergamino. Coloca la masa en la sartén y nivela con el dorso de una cuchara de madera.

Hornee durante 45 minutos a 350 ° Fahrenheit.

Cuando esté listo, retire el pastel del papel pergamino y colóquelo en una fuente para servir. Espolvorear con azúcar glass. Caliente miel oscura para adornar la parte superior.

Nutrición (por 100 g): 294 Calorías 11 g Grasas 9 g Carbohidratos 5.3 g Proteínas 691 mg Sodio

Tilapia rápida con cebolla morada y aguacate

Tiempo de preparación: 10 minutos.

Hora de cocinar : 5 minutos

Porciones: 4

Nivel de dificultad: promedio

Ingredientes:

- 1 cucharada de aceite de oliva extra virgen
- 1 cucharada de jugo de naranja recién exprimido
- ¼ de cucharadita de sal marina o kosher
- 4 (4 onzas) filetes de tilapia, más alargados que cuadrados, con piel o sin piel
- ¼ de taza de cebolla morada picada
- 1 aguacate

Direcciones:

En un molde para pastel de vidrio de 9 pulgadas, combine el aceite, el jugo de naranja y la sal. Trabajar en el filete simultáneamente, colocar cada uno en el molde para pastel y cubrir por todos lados. Forme los filetes en una formación de rueda de carro. Coloque cada filete con 1 cucharada de cebolla, luego doble el extremo del filete que cuelga del borde por la mitad sobre la cebolla. Una vez hecho esto, debe tener 4 filetes doblados con el pliegue contra el borde exterior del plato y los extremos en el centro.

Envuelva el plato con plástico, deje una pequeña parte abierta en el borde para ventilar el vapor. Cocine a fuego alto durante unos 3 minutos en el microondas. Cuando esté listo, debe separarse en hojuelas (trozos) cuando se presiona suavemente con un tenedor. Decora los filetes con el aguacate y sirve.

Nutrición (por 100 g): 200 calorías 3 g de grasa 4 g de carbohidratos 22 g de proteína 811 mg de sodio

Pescado a la plancha con limones

Tiempo de preparación: 10 minutos.

Hora de cocinar : 10 minutos

Porciones: 4

Nivel de dificultad: Difícil

Ingredientes:

- 4 (4 onzas) filetes de pescado
- Aceite en aerosol antiadherente
- 3 a 4 limones medianos
- 1 cucharada de aceite de oliva extra virgen
- ¼ de cucharadita de pimienta negra recién molida
- ¼ de cucharadita de sal marina o kosher

Direcciones:

Con toallas de papel, seque los filetes y déjelos reposar a temperatura ambiente durante 10 minutos. Mientras tanto, cubra la rejilla de cocción fría de la parrilla con aceite en aerosol antiadherente y precaliente la parrilla a 400 ° F, o fuego medio-alto.

Corta un limón por la mitad y reserva la mitad. Corta la mitad restante de ese limón y los limones restantes en rodajas de ¼ de pulgada de grosor. (Debería tener entre 12 y 16 rodajas de limón). En un tazón pequeño, exprima 1 cucharada de jugo de la mitad de limón reservada.

Agrega el aceite al bol con el jugo de limón y mezcla bien. Ponga ambos lados del pescado con la mezcla de aceite y espolvoree uniformemente con pimienta y sal.

Coloque con cuidado las rodajas de limón en la parrilla (o en la sartén), colocando de 3 a 4 rodajas en forma de filete de pescado, y repita con las rodajas restantes. Coloque los filetes de pescado directamente sobre las rodajas de limón y cocine a la parrilla con la tapa cerrada. (Si está asando a la parrilla sobre la estufa, cubra con una tapa de olla grande o papel de aluminio). Voltee el pescado a la mitad del tiempo de cocción solo si los filetes tienen más de media pulgada de grosor. Se cocina cuando comienza a separarse en copos cuando se presiona suavemente con un tenedor.

Nutrición (por 100 g): 147 Calorías 5 g Grasas 1 g Carbohidratos 22 g Proteínas 917 mg Sodio

Cena de pescado en sartén durante la semana

Tiempo de preparación: 10 minutos.

Hora de cocinar : 10 minutos

Porciones: 4

Nivel de dificultad: promedio

Ingredientes:

- Aceite en aerosol antiadherente
- 2 cucharadas de aceite de oliva extra virgen
- 1 cucharada de vinagre balsámico
- 4 (4 onzas) filetes de pescado (½ pulgada de grosor)
- 2½ tazas de ejotes
- 1 pinta de tomates cherry o uva

Direcciones:

Precalienta el horno a 400 ° F. Cepille dos bandejas para hornear grandes con borde con aceite en aerosol antiadherente. En un tazón pequeño, combine el aceite y el vinagre. Dejar de lado. Coloque dos trozos de pescado en cada bandeja para hornear.

En un tazón grande, combine los frijoles y los tomates. Vierta el aceite y el vinagre y revuelva suavemente para cubrir. Vierta la mitad de la mezcla de judías verdes sobre el pescado en una bandeja para hornear y la mitad restante sobre el pescado en la otra. Dale la vuelta al pescado y frótalo con la mezcla de aceite para cubrirlo. Coloque las verduras de manera uniforme en las bandejas para hornear para que el aire caliente pueda circular a su alrededor.

Hornee hasta que el pescado esté opaco. Se cocina cuando apenas comienza a separarse en trozos cuando se pincha suavemente con un tenedor.

Nutrición (por 100 g): 193 Calorías 8 g Grasas 3 g Carbohidratos 23 g Proteínas 811 mg Sodio

Palitos de pescado de polenta crujientes

Tiempo de preparación: 10 minutos.

Hora de cocinar : 15 minutos

Porciones: 4

Nivel de dificultad: Difícil

Ingredientes:

- 2 huevos grandes, ligeramente batidos
- 1 cucharada de leche al 2%
- Filetes de pescado sin piel de 1 libra cortados en 20 tiras (1 pulgada de ancho)
- ½ taza de harina de maíz amarilla
- ½ taza de pan rallado integral panko
- ¼ de cucharadita de pimentón ahumado
- ¼ de cucharadita de sal marina o kosher
- ¼ de cucharadita de pimienta negra recién molida
- Aceite en aerosol antiadherente

Direcciones:

Coloque una bandeja para hornear grande con borde en el horno. Precaliente el horno a 400 ° F con la sartén adentro. En un tazón grande, combine los huevos y la leche. Con un tenedor, agregue las tiras de pescado a la mezcla de huevo y revuelva suavemente para cubrir.

Coloque la harina de maíz, el pan rallado, el pimentón ahumado, la sal y la pimienta en una bolsa de plástico con cierre de un cuarto de galón. Con un tenedor o pinzas, transfiera el pescado a la bolsa, dejando que el exceso de huevo se escurra en el recipiente antes de transferirlo. Selle herméticamente y agite suavemente para cubrir cada palito de pescado por completo.

Con guantes de cocina, retire con cuidado la bandeja para hornear caliente del horno y rocíela con aceite en aerosol antiadherente. Con un tenedor o tenazas, saca los palitos de pescado de la bolsa y colócalos en la bandeja para hornear caliente, con un espacio entre ellos para que el aire caliente pueda circular y hacerlos crujientes. Hornee de 5 a 8 minutos, hasta que una presión suave con un tenedor haga que el pescado se descascare y sirva.

Nutrición (por 100 g): 256 calorías 6 g de grasa 2 g de carbohidratos 29 g de proteína 667 mg de sodio

Cena de salmón en sartén

Tiempo de preparación: 15 minutos.

Hora de cocinar : 15 minutos

Porciones: 4

Nivel de dificultad: promedio

Ingredientes:

- 1 cucharada de aceite de oliva extra virgen
- 2 dientes de ajo picados
- 1 cucharadita de pimentón ahumado
- 1 pinta de tomates cherry o uva, en cuartos
- 1 frasco (12 onzas) de pimientos rojos asados
- 1 cucharada de agua
- ¼ de cucharadita de pimienta negra recién molida
- ¼ de cucharadita de sal marina o kosher
- Filetes de salmón de 1 libra, sin piel, cortados en 8 trozos
- 1 cucharada de jugo de limón recién exprimido (de ½ limón mediano)

Direcciones:

A fuego medio, cocine el aceite en una sartén. Mezcle el ajo y el pimentón ahumado y cocine durante 1 minuto, revolviendo con frecuencia. Agregue los tomates, los pimientos asados, el agua, la pimienta negra y la sal. Ajuste el fuego a medio-alto, cocine a fuego lento y cocine por 3 minutos y triture los tomates hasta el final del tiempo de cocción.

Coloque el salmón en la sartén y rocíe un poco de salsa por encima. Cubra y cocine durante 10 a 12 minutos (145 ° F con un termómetro para carne) y comienza a descascararse.

Saque la sartén del fuego y espolvoree jugo de limón por encima del pescado. Revuelva la salsa, luego corte el salmón en trozos. Atender.

Nutrición (por 100 g): 289 Calorías 13 g Grasas 2 g Carbohidratos 31 g Proteínas 581 mg Sodio

Hamburguesas toscanas de atún y calabacín

Tiempo de preparación: 10 minutos.

Hora de cocinar : 30 minutos

Porciones: 4

Nivel de dificultad: promedio

Ingredientes:

- 3 rebanadas de pan integral para sándwich tostado
- 2 (5 onzas) latas de atún en aceite de oliva
- 1 taza de calabacín rallado
- 1 huevo grande, ligeramente batido
- ¼ taza de pimiento rojo cortado en cubitos
- 1 cucharada de orégano seco
- 1 cucharadita de ralladura de limón
- ¼ de cucharadita de pimienta negra recién molida
- ¼ de cucharadita de sal marina o kosher
- 1 cucharada de aceite de oliva extra virgen
- Ensalada de hojas verdes o 4 rollos de trigo integral, para servir (opcional)

Direcciones:

Desmenuza la tostada en pan rallado con los dedos (o usa un cuchillo para cortar en cubos de ¼ de pulgada) hasta que tengas 1 taza de migas sueltas. Vierta las migas en un tazón grande. Agrega el atún, el calabacín, el huevo, el pimiento, el orégano, la ralladura de limón, la pimienta negra y la sal. Mezclar bien con un tenedor. Divida la mezcla en cuatro hamburguesas (tamaño de ½ taza). Coloque en un plato y presione cada hamburguesa hasta que tenga aproximadamente ¾ de pulgada de grosor.

A fuego medio-alto, cocine el aceite en una sartén. Agregue las hamburguesas al aceite caliente, luego baje el fuego a medio. Cocine las hamburguesas durante 5 minutos, déles la vuelta con una espátula y cocine por 5 minutos más. Disfrútelo como está o sírvalo en ensaladas verdes o panecillos de trigo integral.

Nutrición (por 100 g): 191 Calorías 10 g Grasas 2 g Carbohidratos 15 g Proteínas 661 mg Sodio

Cuenco de atún y col rizada siciliana

Tiempo de preparación: 15 minutos.

Hora de cocinar : 15 minutos

Porciones: 6

Nivel de dificultad: promedio

Ingredientes:

- 1 libra de col rizada
- 3 cucharadas de aceite de oliva extra virgen
- 1 taza de cebolla picada
- 3 dientes de ajo picados
- 1 lata (2.25 onzas) de aceitunas en rodajas, escurridas
- ¼ de taza de alcaparras
- ¼ de cucharadita de pimiento rojo
- 2 cucharaditas de azúcar
- 2 (6 onzas) latas de atún en aceite de oliva
- 1 lata (15 onzas) de frijoles cannellini
- ¼ de cucharadita de pimienta negra molida
- ¼ de cucharadita de sal marina o kosher

Direcciones:

Hervir tres cuartas partes de agua en una olla. Agregue la col rizada y cocine por 2 minutos. Colar la col rizada con un colador y reservar.

Regrese la olla vacía a la estufa a fuego medio y ponga el aceite. Agregue la cebolla y cocine por 4 minutos, revolviendo continuamente. Coloque el ajo y cocine por 1 minuto. Coloque las aceitunas, las alcaparras y el pimiento rojo triturado y cocine por 1 minuto. Por último, agregue la col rizada parcialmente cocida y el azúcar, revuelva hasta que la col rizada esté completamente cubierta de aceite. Cierre la olla y cocine por 8 minutos.

Saque la col rizada del fuego, agregue el atún, los frijoles, la pimienta y la sal y sirva.

Nutrición (por 100 g): 265 Calorías 12 g Grasas 7 g Carbohidratos 16 g Proteínas 715 mg Sodio

Estofado de Bacalao Mediterráneo

Tiempo de preparación: 10 minutos.

Hora de cocinar : 20 minutos

Porciones: 6

Nivel de dificultad: promedio

Ingredientes:

- 2 cucharadas de aceite de oliva extra virgen
- 2 tazas de cebolla picada
- 2 dientes de ajo picados
- ¾ cucharadita de pimentón ahumado
- 1 lata (14.5 onzas) de tomates cortados en cubitos, sin escurrir
- 1 frasco (12 onzas) de pimientos rojos asados
- 1 taza de aceitunas en rodajas, verdes o negras
- 1/3 taza de vino tinto seco
- ¼ de cucharadita de pimienta negra recién molida
- ¼ de cucharadita de sal marina o kosher
- 1½ libras de filetes de bacalao, cortados en trozos de 1 pulgada
- 3 tazas de champiñones en rodajas

Direcciones:

Cocina el aceite en una olla. Agregue la cebolla y cocine por 4 minutos, revolviendo ocasionalmente. Agregue el ajo y el pimentón ahumado y cocine durante 1 minuto, revolviendo con frecuencia.

Mezcle los tomates con su jugo, los pimientos asados, las aceitunas, el vino, la pimienta y la sal, y suba el fuego a medio-alto. Llevar a hervir. Agrega el bacalao y los champiñones y reduce el fuego a medio.

Cocine durante unos 10 minutos, revuelva ocasionalmente, hasta que el bacalao esté bien cocido y se desmenuce fácilmente, y sirva.

Nutrición (por 100 g): 220 Calorías 8 g Grasas 3 g Carbohidratos 28 g Proteínas 583 mg Sodio

Mejillones al vapor en salsa de vino blanco

Tiempo de preparación: 5 minutos.
Hora de cocinar : 10 minutos
Porciones: 4
Nivel de dificultad: Difícil

Ingredientes:

- 2 libras de mejillones pequeños
- 1 cucharada de aceite de oliva extra virgen
- 1 taza de cebolla morada en rodajas finas
- 3 dientes de ajo, en rodajas
- 1 taza de vino blanco seco
- 2 rodajas de limón (¼ de pulgada de grosor)
- ¼ de cucharadita de pimienta negra recién molida
- ¼ de cucharadita de sal marina o kosher
- Rodajas de limón fresco, para servir (opcional)

Direcciones:

En un colador grande en el fregadero, deje correr agua fría sobre los mejillones (pero no deje que los mejillones se asienten en agua estancada). Todas las conchas deben estar bien cerradas; deseche cualquier caparazón que esté un poco abierto o cualquier caparazón que esté agrietado. Deje los mejillones en el colador hasta que esté listo para usarlos.

En una sartén grande, cocine el aceite. Agregue la cebolla y cocine por 4 minutos, revolviendo ocasionalmente. Coloque el ajo y cocine por 1 minuto, revolviendo constantemente. Agregue el vino, las rodajas de limón, la pimienta y la sal y deje hervir a fuego lento. Cocine por 2 minutos.

Agrega los mejillones y tapa. Cocine hasta que los mejillones abran la cáscara. Agite suavemente la sartén dos o tres veces mientras se cocinan.

Todas las conchas ahora deberían estar abiertas de par en par. Con una espumadera, deseche los mejillones que aún estén cerrados. Coloque los mejillones abiertos en un tazón para servir poco profundo y vierta el caldo por encima. Sirva con rodajas de limón fresco adicionales, si lo desea.

Nutrición (por 100 g): 222 Calorías 7 g Grasas 1 g Carbohidratos 18 g Proteínas 708 mg Sodio

Camarones A La Naranja Y Al Ajillo

Tiempo de preparación: 20 minutos.

Hora de cocinar : 10 minutos

Porciones: 6

Nivel de dificultad: Difícil

Ingredientes:

- 1 naranja grande
- 3 cucharadas de aceite de oliva extra virgen, divididas
- 1 cucharada de romero fresco picado
- 1 cucharada de tomillo fresco picado
- 3 dientes de ajo, picados (aproximadamente 1½ cucharaditas)
- ¼ de cucharadita de pimienta negra recién molida
- ¼ de cucharadita de sal marina o kosher
- 1½ libras de camarones crudos frescos, sin cáscara ni colas

Direcciones:

Ralla toda la naranja con un rallador de cítricos. Mezcle la ralladura de naranja y 2 cucharadas de aceite con el romero, el tomillo, el ajo, la pimienta y la sal. Agregue los camarones, selle la bolsa y masajee suavemente los camarones hasta que todos los ingredientes se combinen y los camarones estén completamente cubiertos con los condimentos. Dejar de lado.

Caliente una parrilla, una sartén para parrilla o una sartén grande a fuego medio. Cepille o agite la 1 cucharada de aceite restante.

Agregue la mitad de los camarones y cocine de 4 a 6 minutos, o hasta que los camarones se pongan rosados y blancos, volteando a la mitad si están en la parrilla o revolviendo cada minuto si están en una sartén. Entregue los camarones a un tazón grande para servir. Repite y colócalos en el bol.

Mientras se cocinan los camarones, pela la naranja y corta la pulpa en trozos pequeños. Coloque en el tazón para servir y mezcle con los camarones cocidos. Sirva inmediatamente o refrigere y sirva frío.

Nutrición (por 100 g): 190 Calorías 8 g Grasas 1 g Carbohidratos 24 g Proteínas 647 mg Sodio

Horneado de ñoquis y camarones asados

Tiempo de preparación: 10 minutos.

Hora de cocinar : 20 minutos

Porciones: 4

Nivel de dificultad: promedio

Ingredientes:

- 1 taza de tomate fresco picado
- 2 cucharadas de aceite de oliva extra virgen
- 2 dientes de ajo picados
- ½ cucharadita de pimienta negra recién molida
- ¼ de cucharadita de pimiento rojo triturado
- 1 frasco (12 onzas) de pimientos rojos asados
- 1 libra de camarones crudos frescos, sin cáscara ni colas
- 1 libra de ñoquis congelados (no descongelados)
- ½ taza de queso feta en cubos
- 1/3 taza de hojas frescas de albahaca cortadas

Direcciones:

Precalienta el horno a 425 ° F. En una fuente para horno, mezcle los tomates, el aceite, el ajo, la pimienta negra y el pimiento rojo triturado. Ase en el horno durante 10 minutos.

Agregue los pimientos asados y los camarones. Ase por 10 minutos más, hasta que los camarones se pongan rosados y blancos.

Mientras se cocinan los camarones, cocine los ñoquis en la estufa de acuerdo con las instrucciones del paquete. Escurrir en un colador y mantener caliente. Saca el plato del horno. Mezcle los ñoquis cocidos, el queso feta y la albahaca y sirva.

Nutrición (por 100 g): 277 Calorías 7 g Grasas 1 g Carbohidratos 20 g Proteínas 711 mg Sodio

Puttanesca de camarones picantes

Tiempo de preparación: 5 minutos.

Hora de cocinar : 15 minutos

Porciones: 4

Nivel de dificultad: promedio

Ingredientes:

- 2 cucharadas de aceite de oliva extra virgen
- 3 filetes de anchoa, escurridos y picados
- 3 dientes de ajo picados
- ½ cucharadita de pimiento rojo triturado
- 1 lata (14.5 onzas) de tomates cortados en cubitos bajos en sodio o sin sal agregada, sin escurrir
- 1 lata (2.25 onzas) de aceitunas negras
- 2 cucharadas de alcaparras
- 1 cucharada de orégano fresco picado
- 1 libra de camarones crudos frescos, sin cáscara ni colas

Direcciones:

A fuego medio, cocine el aceite. Incorpora las anchoas, el ajo y el pimiento rojo triturado. Cocine durante 3 minutos, revolviendo con frecuencia y machacando las anchoas con una cuchara de madera, hasta que se hayan derretido en el aceite.

Agrega los tomates con su jugo, aceitunas, alcaparras y orégano. Suba el fuego a medio-alto y cocine a fuego lento.

Cuando la salsa esté ligeramente burbujeante, agregue los camarones. Seleccione fuego a medio y cocine los camarones hasta que se pongan rosados y blancos y luego sirva.

Nutrición (por 100 g): 214 Calorías 10 g Grasas 2 g Carbohidratos 26 g Proteínas 591 mg Sodio

Sándwiches de atún italiano

Tiempo de preparación: 10 minutos.

Hora de cocinar : 0 minutos

Porciones: 4

Nivel de dificultad: Fácil

Ingredientes:

- 3 cucharadas de jugo de limón recién exprimido
- 2 cucharadas de aceite de oliva extra virgen
- 1 diente de ajo picado
- ½ cucharadita de pimienta negra recién molida
- 2 latas (5 onzas) de atún, escurridas
- 1 lata (2.25 onzas) de aceitunas en rodajas
- ½ taza de hinojo fresco picado, incluidas las hojas
- 8 rebanadas de pan crujiente integral

Direcciones:

Combine el jugo de limón, el aceite, el ajo y la pimienta. Agrega el atún, las aceitunas y el hinojo. Con un tenedor, separe el atún en trozos y revuelva para combinar todos los ingredientes.

Divida la ensalada de atún en partes iguales entre 4 rebanadas de pan. Cubra cada uno con las rebanadas de pan restantes. Deje reposar los sándwiches durante al menos 5 minutos para que el relleno picante se impregne en el pan antes de servir.

Nutrición (por 100 g): 347 Calorías 17 g Grasas 5 g Carbohidratos 25 g Proteínas 447 mg Sodio

Wraps de ensalada de salmón y eneldo

Tiempo de preparación: 10 minutos.

Hora de cocinar : 10 minutos

Porciones: 6

Nivel de dificultad: Fácil

Ingredientes:

- 1 libra de filete de salmón, cocido y desmenuzado
- ½ taza de zanahorias picadas
- ½ taza de apio cortado en cubitos
- 3 cucharadas de eneldo fresco picado
- 3 cucharadas de cebolla morada picada
- 2 cucharadas de alcaparras
- 1½ cucharada de aceite de oliva extra virgen
- 1 cucharada de vinagre balsámico añejo
- ½ cucharadita de pimienta negra recién molida
- ¼ de cucharadita de sal marina o kosher
- 4 envolturas de pan plano de trigo integral o tortillas blandas de trigo integral

Direcciones:

Combine el salmón, las zanahorias, el apio, el eneldo, la cebolla morada, las alcaparras, el aceite, el vinagre, la pimienta y la sal. Divida la ensalada de salmón entre los panes planos. Doble la parte inferior del pan plano, luego enrolle la envoltura y sirva.

Nutrición (por 100 g): 336 Calorías 16 g Grasas 5 g Carbohidratos 32 g Proteínas 884 mg Sodio

Pastel de pizza de almejas blancas

Tiempo de preparación: 10 minutos.

Hora de cocinar : 20 minutos

Porciones: 4

Nivel de dificultad: Difícil

Ingredientes:

- 1 libra de masa de pizza fresca refrigerada
- Aceite en aerosol antiadherente
- 2 cucharadas de aceite de oliva extra virgen, divididas
- 2 dientes de ajo, picados (aproximadamente 1 cucharadita)
- ½ cucharadita de pimiento rojo triturado
- 1 lata (10 onzas) de almejas pequeñas enteras, escurridas
- ¼ taza de vino blanco seco
- Harina para todo uso, para espolvorear
- 1 taza de queso mozzarella cortado en cubitos
- 1 cucharada de queso Pecorino Romano o parmesano rallado
- 1 cucharada de perejil fresco de hoja plana (italiano) picado

Direcciones:

Precalienta el horno a 500 ° F. Unte una bandeja para hornear grande con borde con spray antiadherente para cocinar.

En una sartén grande, cocine 1½ cucharadas de aceite. Ponga el ajo y el pimiento rojo triturado y cocine por 1 minuto, revolviendo frecuentemente para evitar que el ajo se queme. Agregue el jugo de almeja reservado y el vino. Llevar a ebullición a fuego alto. Reduzca a fuego medio para que la salsa esté hirviendo a fuego lento y cocine por 10 minutos, revolviendo ocasionalmente. La salsa se cocinará y se espesará.

Coloque las almejas y cocine por 3 minutos, revolviendo ocasionalmente. Mientras se cocina la salsa, sobre una superficie ligeramente enharinada, forme la masa de pizza en un círculo de 12 pulgadas o en un rectángulo de 10 por 12 pulgadas con un rodillo o estirándolo con las manos. Coloque la masa en la bandeja para hornear preparada. Engrase la masa con la ½ cucharada de aceite restante. Reserva hasta que la salsa de almejas esté lista.

Extienda la salsa de almejas sobre la masa preparada a ½ pulgada del borde. Cubra con el queso mozzarella, luego espolvoree con el Pecorino Romano.

Hornea por 10 minutos. Saque la pizza del horno y colóquela sobre una tabla de cortar de madera. Cubra con el perejil, córtelo en ocho trozos con un cortador de pizza o un cuchillo afilado y sirva.

Nutrición (por 100 g): 541 Calorías 21 g Grasas 1 g Carbohidratos 32 g Proteínas 688 mg Sodio

Harina de pescado con frijoles al horno

Tiempo de preparación: 10 minutos.

Hora de cocinar : 10 minutos

Porciones: 4

Nivel de dificultad: Fácil

Ingredientes:

- 1 cucharada de vinagre balsámico
- 2 ½ tazas de ejotes
- 1 pinta de tomates cherry o uva
- 4 (4 onzas cada uno) filetes de pescado, como bacalao o tilapia
- 2 cucharadas de aceite de oliva

Direcciones:

Precalienta un horno a 400 grados. Engrase dos bandejas para hornear con un poco de aceite de oliva o spray de aceite de oliva. Coloque 2 filetes de pescado en cada hoja. En un tazón, vierta el aceite de oliva y el vinagre. Combine para mezclar bien entre sí.

Mezcle las judías verdes y los tomates. Combine para mezclar bien entre sí. Combine bien ambas mezclas entre sí. Agregue la mezcla igualmente sobre los filetes de pescado. Hornee durante 6-8 minutos, hasta que el pescado esté opaco y fácil de desmenuzar. Sirva caliente.

Nutrición (por 100 g): 229 Calorías 13 g Grasas 8 g Carbohidratos 2.5 g Proteínas 559 mg Sodio

Estofado de bacalao con champiñones

Tiempo de preparación: 10 minutos.

Hora de cocinar : 20 minutos

Porciones: 6

Nivel de dificultad: Fácil

Ingredientes:

- 2 cucharadas de aceite de oliva extra virgen
- 2 dientes de ajo picados
- 1 lata de tomate
- 2 tazas de cebolla picada
- ¾ cucharadita de pimentón ahumado
- un frasco (12 onzas) de pimientos rojos asados
- 1/3 taza de vino tinto seco
- ¼ de cucharadita de sal marina o kosher
- ¼ de cucharadita de pimienta negra
- 1 taza de aceitunas negras
- 1 ½ libras de filetes de bacalao, cortados en trozos de 1 pulgada
- 3 tazas de champiñones en rodajas

Direcciones:

Obtener una olla de cocción mediana-grande, calentar el aceite a fuego medio. Agregue las cebollas y cocine revolviendo durante 4 minutos. Agrega el ajo y el pimentón ahumado; cocine por 1 minuto, revolviendo con frecuencia. Agregue tomates con jugo, pimientos asados, aceitunas, vino, pimienta y sal; revuelva suavemente. Hervir la mezcla. Agrega el bacalao y los champiñones; baje el fuego a medio. Cierre y cocine hasta que el bacalao esté fácil de desmenuzar, revuelva entre ellos. Sirva caliente.

Nutrición (por 100 g): 238 Calorías 7 g Grasas 15 g Carbohidratos 3.5 g Proteínas 772 mg Sodio

Pez espada especiado

Tiempo de preparación: 10 minutos.

Hora de cocinar : 15 minutos

Porciones: 4

Nivel de dificultad: promedio

Ingredientes:

- 4 (7 onzas cada uno) filetes de pez espada
- 1/2 cucharadita de pimienta negra molida
- 12 dientes de ajo pelados
- 3/4 cucharadita de sal
- 1 1/2 cucharadita de comino molido
- 1 cucharadita de pimentón
- 1 cucharadita de cilantro
- 3 cucharadas de jugo de limón
- 1/3 taza de aceite de oliva

Direcciones:

Toma una licuadora o procesador de alimentos, abre la tapa y agrega todos los ingredientes excepto el pez espada. Cierre la tapa y licue para hacer una mezcla suave. Seque los filetes de pescado con palmaditas; cubra uniformemente con la mezcla de especias preparada.

Añádelos sobre papel de aluminio, tapa y refrigera por 1 hora. Precalienta un sartén a fuego alto, vierte aceite y caliéntalo. Agrega los filetes de pescado; revuelva y cocine durante 5-6 minutos por lado hasta que esté bien cocido y dorado uniformemente. Sirva caliente.

Nutrición (por 100 g): 255 Calorías 12 g Grasas 4 g Carbohidratos 0.5 g Proteínas 990 mg Sodio

Manía de pasta con anchoas

Tiempo de preparación: 10 minutos.

Hora de cocinar : 20 minutos

Porciones: 4

Nivel de dificultad: Fácil

Ingredientes:

- 4 filetes de anchoa envasados en aceite de oliva
- ½ libra de brócoli, cortado en floretes de 1 pulgada
- 2 dientes de ajo, en rodajas
- Penne de trigo integral de 1 libra
- 2 cucharadas de aceite de oliva
- ¼ taza de queso parmesano rallado
- Sal y pimienta negra al gusto
- Hojuelas de pimiento rojo, al gusto

Direcciones:

Cocine la pasta como se indica en el paquete; escurrir y reservar. Tome una cacerola o sartén mediana, agregue aceite. Calentar a fuego medio. Agregue las anchoas, el brócoli y el ajo, y revuelva y cocine hasta que las verduras se ablanden durante 4-5 minutos. Quite el calor; mezclar en la pasta. Sirva caliente con queso parmesano, hojuelas de pimiento rojo, sal y pimienta negra por encima.

Nutrición (por 100 g): 328 Calorías 8 g Grasas 35 g Carbohidratos 7 g Proteínas 834 mg Sodio

Pasta con camarones y ajo

Tiempo de preparación: 10 minutos.

Hora de cocinar : 15 minutos

Porciones: 4

Nivel de dificultad: Fácil

Ingredientes:

- 1 libra de camarones, pelados y desvenados
- 3 dientes de ajo picados
- 1 cebolla finamente picada
- 1 paquete de pasta integral o de frijoles de su elección
- 4 cucharadas de aceite de oliva
- Sal y pimienta negra al gusto
- ¼ taza de albahaca, cortada en tiras
- ¾ taza de caldo de pollo, bajo en sodio

Direcciones:

Cocine la pasta como se indica en el paquete; enjuague y reserve. Obtener una cacerola mediana, agregar aceite y luego calentar a fuego medio. Agregue la cebolla, el ajo y cocine revolviendo hasta que se vuelva transparente y fragante durante 3 minutos.

Agrega los camarones, la pimienta negra (molida) y la sal; revuelva y cocine durante 3 minutos hasta que los camarones estén opacos. Agregue el caldo y cocine a fuego lento durante 2-3 minutos más. Agrega la pasta en platos para servir; agregue la mezcla de camarones por encima; sirva caliente con albahaca encima.

Nutrición (por 100 g): 605 Calorías 17 g Grasas 53 g Carbohidratos 19 g Proteínas 723 mg Sodio

Salmón meloso con vinagre

Tiempo de preparación: 10 minutos.

Hora de cocinar : 5 minutos

Porciones: 4

Nivel de dificultad: Fácil

Ingredientes:

- 4 (8 onzas) filetes de salmón
- 1/2 taza de vinagre balsámico
- 1 cucharada de miel
- Pimienta negra y sal, al gusto
- 1 cucharada de aceite de oliva

Direcciones:

Combina la miel y el vinagre. Combine para mezclar bien entre sí.

Sazone los filetes de pescado con pimienta negra (molida) y sal marina; untar con glaseado de miel. Tome una cacerola o sartén mediana, agregue aceite. Calentar a fuego medio. Agregue los filetes de salmón y cocine revolviendo hasta que estén medio crudos en el centro y ligeramente dorados durante 3-4 minutos por lado. Sirva caliente.

Nutrición (por 100 g): 481 Calorías 16 g Grasas 24 g Carbohidratos 1,5 g Proteínas 673 mg Sodio

Harina de Pescado a la Naranja

Tiempo de preparación: 10 minutos.

Hora de cocinar : 5 minutos

Porciones: 4

Nivel de dificultad: Fácil

Ingredientes:

- ¼ de cucharadita de sal marina o kosher
- 1 cucharada de aceite de oliva extra virgen
- 1 cucharada de jugo de naranja
- 4 (4 onzas) filetes de tilapia, con o sin piel
- ¼ de taza de cebolla morada picada
- 1 aguacate, sin hueso, sin piel y en rodajas

Direcciones:

Tome una fuente para hornear de 9 pulgadas; agregue aceite de oliva, jugo de naranja y sal. Combine bien. Agrega los filetes de pescado y cúbrelos bien. Agregue las cebollas sobre los filetes de pescado. Cubra con una envoltura de plástico. Microondas durante 3 minutos hasta que el pescado esté bien cocido y fácil de desmenuzar. Sirva caliente con aguacate en rodajas encima.

Nutrición (por 100 g): 231 Calorías 9 g Grasas 8 g Carbohidratos 2,5 g Proteínas 536 mg Proteínas

Zoodles de camarones

Tiempo de preparación: 10 minutos.

Hora de cocinar : 5 minutos

Porciones: 2

Nivel de dificultad: Fácil

Ingredientes:

- 2 cucharadas de perejil picado
- 2 cucharaditas de ajo picado
- 1 cucharadita de sal
- ½ cucharadita de pimienta negra
- 2 calabacines medianos, en espiral
- 3/4 libras de camarones medianos, pelados y desvenados
- 1 cucharada de aceite de oliva
- 1 limón, exprimido y rallado

Direcciones:

Tome una cacerola o sartén mediana, agregue aceite, jugo de limón, ralladura de limón. Calentar a fuego medio. Agregue los camarones y cocine revolviendo 1 minuto por lado. Sofría el ajo y las hojuelas de pimiento rojo durante 1 minuto más. Agregue los Zoodles y revuelva suavemente; cocine por 3 minutos hasta que esté bien cocido. Sazone bien, sirva caliente con perejil encima.

Nutrición (por 100 g): 329 Calorías 12 g Grasas 11 g Carbohidratos 3 g Proteínas 734 mg Sodio

Harina de Espárragos y Trucha

Tiempo de preparación: 10 minutos.

Hora de cocinar : 20 minutos

Porciones: 4

Nivel de dificultad: Fácil

Ingredientes:

- 2 libras de filetes de trucha
- 1 libra de espárragos
- Sal y pimienta blanca molida, al gusto.
- 1 cucharada de aceite de oliva
- 1 diente de ajo finamente picado
- 1 cebollín, en rodajas finas (parte verde y blanca)
- 4 papas doradas medianas, en rodajas finas
- 2 tomates Roma, picados
- 8 aceitunas kalamata sin hueso, picadas
- 1 zanahoria grande, en rodajas finas
- 2 cucharadas de perejil seco
- ¼ de taza de comino molido
- 2 cucharadas de pimentón
- 1 cucharada de condimento de caldo de verduras
- ½ taza de vino blanco seco

Direcciones:

En un tazón, agregue los filetes de pescado, la pimienta blanca y la sal. Combine para mezclar bien entre sí. Tome una cacerola o sartén mediana, agregue aceite. Calentar a fuego medio. Agregue los espárragos, las papas, el ajo, la parte blanca de cebollín y cocine hasta que se ablanden durante 4-5 minutos. Agrega los tomates, la zanahoria y las aceitunas; revuelva y cocine durante 6-7 minutos hasta que estén tiernos. Agregue comino, pimentón, perejil, condimento para caldo y sal. Revuelva bien la mezcla.

Incorporar el vino blanco y los filetes de pescado. A fuego lento, cubra y cocine a fuego lento la mezcla durante unos 6 minutos hasta que el pescado esté fácil de desmenuzar, revuelva entre ellos. Sirva caliente con cebolletas verdes encima.

Nutrición (por 100 g): 303 Calorías 17 g Grasas 37 g Carbohidratos 6 g Proteínas 722 mg Sodio

Atún Kale Oliva

Tiempo de preparación: 10 minutos.

Hora de cocinar : 15 minutos

Porciones: 6

Nivel de dificultad: promedio

Ingredientes:

- 1 taza de cebolla picada
- 3 dientes de ajo picados
- 1 lata (2.25 onzas) de aceitunas en rodajas, escurridas
- 1 libra de col rizada picada
- 3 cucharadas de aceite de oliva extra virgen
- ¼ de taza de alcaparras
- ¼ de cucharadita de pimiento rojo triturado
- 2 cucharaditas de azúcar
- 1 lata (15 onzas) de frijoles cannellini
- 2 latas (6 onzas) de atún en aceite de oliva, sin escurrir
- ¼ de cucharadita de pimienta negra
- ¼ de cucharadita de sal marina o kosher

Direcciones:

Remoje la col rizada en agua hirviendo durante 2 minutos; escurrir y reservar. Tome una olla mediana o una olla grande, caliente el aceite a fuego medio. Agregue la cebolla y cocine revolviendo hasta que se vuelva transparente y se ablande. Agregue el ajo y cocine revolviendo hasta que esté fragante durante 1 minuto.

Agregue las aceitunas, las alcaparras y el pimiento rojo y cocine revolviendo durante 1 minuto. Mezcle la col rizada cocida y el azúcar. A fuego lento, cubra y cocine a fuego lento la mezcla durante unos 8-10 minutos, revuelva entre ellos. Agregue atún, frijoles, pimienta y sal. Revuelva bien y sirva caliente.

Nutrición (por 100 g): 242 Calorías 11 g Grasas 24 g Carbohidratos 7 g Proteínas 682 mg Sodio

Camarones picantes al romero

Tiempo de preparación: 10 minutos.

Hora de cocinar : 10 minutos

Porciones: 6

Nivel de dificultad: Fácil

Ingredientes:

- 1 naranja grande, rallada y pelada
- 3 dientes de ajo picados
- 1 ½ libras de camarones crudos, sin cáscara ni colas
- 3 cucharadas de aceite de oliva
- 1 cucharada de tomillo picado
- 1 cucharada de romero picado
- ¼ de cucharadita de pimienta negra
- ¼ de cucharadita de sal marina o kosher

Direcciones:

Tome una bolsa de plástico con cierre hermético, agregue ralladura de naranja, camarones, 2 cucharadas de aceite de oliva, ajo, tomillo, romero, sal y pimienta negra. Agitar bien y dejar marinar durante 5 minutos.

Tome una cacerola o sartén mediana, agregue 1 cucharada de aceite de oliva. Calentar a fuego medio. Agregue los camarones y cocine durante 2-3 minutos por lado hasta que estén totalmente rosados y opacos. Cortar la naranja en rodajas del tamaño de un bocado y agregar en un plato para servir. Agregue los camarones y combine bien. Sirva fresco.

Nutrición (por 100 g): 187 Calorías 7 g Grasas 6 g Carbohidratos 0.5 g Proteínas 673 mg Sodio

Salmón Espárrago

Tiempo de preparación: 10 minutos.

Hora de cocinar : 15 minutos

Porciones: 2

Nivel de dificultad: Fácil

Ingredientes:

- 8,8 onzas de espárragos en manojo
- 2 filetes de salmón pequeños
- 1 ½ cucharadita de sal
- 1 cucharadita de pimienta negra
- 1 cucharada de aceite de oliva
- 1 taza de salsa holandesa baja en carbohidratos

Direcciones:

Sazone bien los filetes de salmón. Tome una cacerola o sartén mediana, agregue aceite. Calentar a fuego medio.

Agregue los filetes de salmón y cocine revolviendo hasta que estén uniformemente chamuscados y bien cocidos durante 4-5 minutos por lado. Agregue los espárragos y cocine revolviendo durante 4-5 minutos más. Sirva caliente con salsa holandesa encima.

Nutrición (por 100 g): 565 Calorías 7 g Grasas 8 g Carbohidratos 2.5 g Proteínas 559 mg Sodio

Ensalada de atún con nueces

Tiempo de preparación: 10 minutos.

Hora de cocinar : 0 minutos

Porciones: 4

Nivel de dificultad: Fácil

Ingredientes:

- 1 cucharada de estragón picado
- 1 tallo de apio, cortado y picado finamente
- 1 chalota mediana, cortada en cubitos
- 3 cucharadas de cebollino picado
- 1 lata (5 onzas) de atún (cubierto con aceite de oliva) escurrido y desmenuzado
- 1 cucharadita de mostaza de Dijon
- 2-3 cucharadas de mayonesa
- 1/4 cucharadita de sal
- 1/8 cucharadita de pimienta
- 1/4 taza de piñones tostados

Direcciones:

En una ensaladera grande, agregue el atún, la chalota, las cebolletas, el estragón y el apio. Combine para mezclar bien entre sí. En un tazón, agregue mayonesa, mostaza, sal y pimienta negra. Combine para mezclar bien entre sí. Agrega la mezcla de mayonesa a la ensaladera; revuelva bien para combinar. Agregue los piñones y revuelva nuevamente. Sirva fresco.

Nutrición (por 100 g): 236 Calorías 14 g Grasas 4 g Carbohidratos 1 g Proteínas 593 mg Sodio

Sopa Cremosa De Camarones

Tiempo de preparación: 10 minutos.

Hora de cocinar : 35 minutos

Porciones: 6

Nivel de dificultad: promedio

Ingredientes:

- 1 libra de camarones medianos, pelados y desvenados
- 1 puerro, tanto blanco como verde claro, en rodajas
- 1 bulbo de hinojo mediano, picado
- 2 cucharadas de aceite de oliva
- 3 tallos de apio picados
- 1 diente de ajo picado
- Sal marina y pimienta molida al gusto
- 4 tazas de caldo de verduras o pollo
- 1 cucharada de semillas de hinojo
- 2 cucharadas de crema ligera
- Jugo de 1 limón

Direcciones:

Tome una olla de cocción mediana o grande o un horno holandés, caliente el aceite a fuego medio. Agregue el apio, el puerro y el hinojo y cocine revolviendo durante unos 15 minutos, hasta que las verduras se ablanden y se doren. Agrega el ajo; sazone con pimienta negra y sal marina al gusto. Agregue la semilla de hinojo y revuelva.

Vierta el caldo y deje hervir. A fuego lento, cocine a fuego lento la mezcla durante unos 20 minutos, revuelva en el medio. Agregue los camarones y cocine hasta que estén rosados durante 3 minutos. Mezclar la nata y el jugo de limón; sirva caliente.

Nutrición (por 100 g): 174 Calorías 5 g Grasas 9.5 g Carbohidratos 2 g Proteínas 539 mg Sodio

Salmón Especiado con Quinoa Vegetal

Tiempo de preparación: 30 minutos.

Hora de cocinar : 10 minutos

Porciones: 4

Nivel de dificultad: Difícil

Ingredientes:

- 1 taza de quinua cruda
- 1 cucharadita de sal, dividida por la mitad
- ¾ taza de pepinos, sin semillas, cortados en cubitos
- 1 taza de tomates cherry, cortados por la mitad
- ¼ de taza de cebolla morada picada
- 4 hojas de albahaca fresca, cortadas en rodajas finas
- Ralladura de un limón
- ¼ de cucharadita de pimienta negra
- 1 cucharadita de comino
- ½ cucharadita de pimentón
- 4 (5 onzas) filetes de salmón
- 8 rodajas de limón
- ¼ taza de perejil fresco picado

Direcciones:

En una cacerola mediana, agregue la quinua, 2 tazas de agua y ½ cucharadita de sal. Caliéntelos hasta que el agua esté hirviendo, luego baje la temperatura hasta que hierva a fuego lento. Tape la sartén y déjela cocinar 20 minutos o el tiempo que indique el paquete de quinua. Apague el fuego debajo de la quinua y déjala reposar, tapada, durante al menos otros 5 minutos antes de servir.

Justo antes de servir, agregue la cebolla, los tomates, los pepinos, las hojas de albahaca y la ralladura de limón a la quinua y use una cuchara para mezclar todo suavemente. Mientras tanto (mientras se cocina la quinua), prepare el salmón. Encienda el asador del horno a temperatura alta y asegúrese de que haya una rejilla en la parte inferior del horno. En un tazón pequeño, agregue los siguientes componentes: pimienta negra, ½ cucharadita de sal, comino y pimentón. Revuélvelos juntos.

Coloque papel de aluminio sobre una bandeja para hornear de vidrio o aluminio, luego rocíelo con aceite en aerosol antiadherente. Coloque los filetes de salmón en el papel de aluminio. Frote la mezcla de especias sobre cada filete (aproximadamente ½ cucharadita de la mezcla de especias por filete). Agregue las rodajas de limón a los bordes de la sartén cerca del salmón.

Cocine el salmón debajo del asador durante 8-10 minutos. Tu objetivo es que el salmón se desmenuce fácilmente con un tenedor. Espolvorea el salmón con el perejil, luego sírvelo con las rodajas de limón y el perejil vegetal. ¡Disfrutar!

Nutrición (por 100 g): 385 Calorías 12,5 g Grasas 32,5 g Carbohidratos 35,5 g Proteínas 679 mg Sodio

Salmón Especiado con Quinoa Vegetal

Tiempo de preparación: 30 minutos.

Hora de cocinar : 10 minutos

Porciones: 4

Nivel de dificultad: Difícil

Ingredientes:

- 1 taza de quinua cruda
- 1 cucharadita de sal, dividida por la mitad
- ¾ taza de pepinos, sin semillas, cortados en cubitos
- 1 taza de tomates cherry, cortados por la mitad
- ¼ de taza de cebolla morada picada
- 4 hojas de albahaca fresca, cortadas en rodajas finas
- Ralladura de un limón
- ¼ de cucharadita de pimienta negra
- 1 cucharadita de comino
- ½ cucharadita de pimentón
- 4 (5 onzas) filetes de salmón
- 8 rodajas de limón
- ¼ taza de perejil fresco picado

Direcciones:

En una cacerola mediana, agregue la quinua, 2 tazas de agua y ½ cucharadita de sal. Caliéntelos hasta que el agua esté hirviendo, luego baje la temperatura hasta que hierva a fuego lento. Tape la sartén y déjela cocinar 20 minutos o el tiempo que indique el paquete de quinua. Apague el fuego debajo de la quinua y déjala reposar, tapada, durante al menos otros 5 minutos antes de servir.

Justo antes de servir, agregue la cebolla, los tomates, los pepinos, las hojas de albahaca y la ralladura de limón a la quinua y use una cuchara para mezclar todo suavemente. Mientras tanto (mientras se cocina la quinua), prepare el salmón. Encienda el asador del horno a temperatura alta y asegúrese de que haya una rejilla en la parte inferior del horno. En un tazón pequeño, agregue los siguientes componentes: pimienta negra, ½ cucharadita de sal, comino y pimentón. Revuélvelos juntos.

Coloque papel de aluminio sobre una bandeja para hornear de vidrio o aluminio, luego rocíelo con aceite en aerosol antiadherente. Coloque los filetes de salmón en el papel de aluminio. Frote la mezcla de especias sobre cada filete (aproximadamente ½ cucharadita de la mezcla de especias por filete). Agregue las rodajas de limón a los bordes de la sartén cerca del salmón.

Cocine el salmón debajo del asador durante 8-10 minutos. Tu objetivo es que el salmón se desmenuce fácilmente con un tenedor. Espolvorea el salmón con el perejil, luego sírvelo con las rodajas de limón y el perejil vegetal. ¡Disfrutar!

Nutrición (por 100 g): 385 Calorías 12,5 g Grasas 32,5 g Carbohidratos 35,5 g Proteínas 679 mg Sodio

Trucha Mostaza Con Manzanas

Tiempo de preparación: 15 minutos.

Hora de cocinar : 55 minutos

Porciones: 2

Nivel de dificultad: Difícil

Ingredientes:

- 1 cucharada de aceite de oliva
- 1 chalota pequeña, picada
- 2 Lady Apples, partidas por la mitad
- 4 filetes de trucha, 3 onzas cada uno
- 1 1/2 cucharadas de migas de pan, simples y finas
- 1/2 cucharadita de tomillo fresco y picado
- 1/2 cucharada de mantequilla, derretida y sin sal
- 1/2 taza de sidra de manzana
- 1 cucharadita de azúcar morena clara
- 1/2 cucharada de mostaza de Dijon
- 1/2 cucharada de alcaparras, enjuagadas
- Sal marina y pimienta negra al gusto

Direcciones:

Prepare el horno a 375 grados y luego saque un tazón pequeño. Combine el pan rallado, la chalota y el tomillo antes de sazonar con sal y pimienta.

Agregue la mantequilla y mezcle bien.

Coloque las manzanas con el lado cortado hacia arriba en una fuente para hornear y luego espolvoree con azúcar. Cubra con pan rallado y luego vierta la mitad de la sidra alrededor de las manzanas, cubriendo el plato. Hornea por media hora.

Destape y hornee por veinte minutos más. Las manzanas deben estar tiernas pero las migajas deben estar crujientes. Saca las manzanas del horno.

Encienda el asador y luego coloque la parrilla a cuatro pulgadas de distancia. Dale palmaditas a la trucha y luego sazona con sal y pimienta. Cepille su aceite en una bandeja para hornear y luego coloque su trucha con la piel hacia arriba. Cepille el aceite restante sobre la piel y ase durante seis minutos. Repita las manzanas en el estante justo debajo de la trucha. Esto evitará que las migas se quemen, y solo debería tomar dos minutos para calentarse.

Saque una cacerola y mezcle la sidra restante, las alcaparras y la mostaza. Agregue más sidra si es necesario, para diluir y cocine por cinco minutos a fuego medio-alto. Debe tener una consistencia similar a la de una salsa. Vierta los jugos sobre el pescado y sirva con una manzana en cada plato.

Nutrición (por 100 g): 366 calorías 13 g de grasas 10 g de carbohidratos 31 g de proteínas 559 mg de sodio

Ñoquis con Camarones

Tiempo de preparación: 5 minutos.

Hora de cocinar : 15 minutos

Porciones: 4

Nivel de dificultad: Difícil

Ingredientes:

- 1/2 libra de camarones, pelados y desvenados
- 1/4 taza de chalotes, rebanados
- 1/2 cucharada + 1 cucharadita de aceite de oliva
- 8 onzas de ñoquis de larga conservación
- 1/2 manojo de espárragos, cortados en tercios
- 3 cucharadas de queso parmesano
- 1 cucharada de jugo de limón fresco
- 1/3 taza de caldo de pollo
- Sal marina y pimienta negra al gusto

Direcciones:

Comience calentando media cucharada de aceite a fuego medio y luego agregue sus ñoquis. Cocine mientras revuelve con frecuencia hasta que se pongan gruesos y dorados. Esto llevará de siete a diez minutos. Colócalos en un bol.

Calienta la cucharadita restante de aceite con las chalotas, cocinando hasta que empiecen a dorarse. Asegúrate de revolver, pero esto tomará dos minutos. Agrega el caldo antes de agregar los espárragos. Tape y cocine de tres a cuatro minutos.

Agrega los camarones, sazona con sal y pimienta. Cocine hasta que estén rosados y bien cocidos, lo que tomará aproximadamente cuatro minutos.

Regrese los ñoquis a la sartén con jugo de limón, cocine por otros dos minutos. Revuelva bien y luego retírelo del fuego.

Espolvorear con parmesano y dejar reposar durante dos minutos. Tu queso debería derretirse. Sirva caliente.

Nutrición (por 100 g): 342 calorías 11 g de grasas 9 g de carbohidratos 38 g de proteínas 711 mg de sodio

Camarones Saganaki

Tiempo de preparación: 15 minutos.

Hora de cocinar : 30 minutos

Porciones: 2

Nivel de dificultad: promedio

Ingredientes:

- 1/2 libra de camarones con cáscara
- 1 cebolla pequeña, picada
- 1/2 taza de vino blanco
- 1 cucharada de perejil, fresco y picado
- 8 onzas de tomates enlatados y cortados en cubitos
- 3 cucharadas de aceite de oliva
- 4 onzas de queso feta
- Sal en cubos
- Pizca de pimienta negra
- 14 cucharaditas de ajo en polvo

Direcciones:

Saque una cacerola y luego vierta aproximadamente dos pulgadas de agua, hasta que hierva. Hervir durante cinco minutos y luego escurrir pero reservar el líquido. Ponga los camarones y el líquido a un lado.

Caliente dos cucharadas de aceite a continuación y, cuando esté caliente, agregue las cebollas. Cocine hasta que las cebollas estén transparentes. Mezcle el perejil, el ajo, el vino, el aceite de oliva y los tomates. Cocine a fuego lento durante media hora y revuelva hasta que espese.

Retire las patas de los camarones, arrancando las cáscaras, la cabeza y la cola. Agregue los camarones y el caldo de camarones a la salsa una vez que espese. Deje hervir a fuego lento durante cinco minutos y luego agregue el queso feta. Déjalo reposar hasta que el queso comience a derretirse y luego sírvelo caliente.

Nutrición (por 100 g): 329 calorías 14 g de grasa 10 g de carbohidratos 31 g de proteína 449 mg de sodio

Salmón mediterráneo

Tiempo de preparación: 10 minutos.

Hora de cocinar : 20 minutos

Porciones: 2

Nivel de dificultad: Fácil

Ingredientes:

- 2 filetes de salmón, sin piel y 6 onzas cada uno
- 1 taza de tomates cherry
- 1 cucharada de alcaparras
- 1/4 taza de calabacín, picado fino
- 1/8 cucharadita de pimienta negra
- 1/8 cucharadita de sal marina fina
- 1/2 cucharada de aceite de oliva
- 1.25 onzas de aceitunas maduras, rebanadas

Direcciones:

Prepara el horno a 425 grados y luego espolvorea sal y pimienta sobre el pescado por ambos lados. Coloque el pescado en una sola capa en su fuente para hornear después de cubrir su fuente para hornear con aceite en aerosol.

Combine los tomates y los ingredientes restantes, coloque la mezcla sobre los filetes y luego hornee por veintidós minutos. Sirva caliente.

Nutrición (por 100 g): 322 calorías 10 g de grasas 15 g de carbohidratos 31 g de proteínas 493 mg de sodio

Linguini de mariscos

Tiempo de preparación: 10 minutos.

Hora de cocinar : 35 minutos

Porciones: 2

Nivel de dificultad: Difícil

Ingredientes:

- 2 dientes de ajo picados
- 4 onzas de linguini, trigo integral
- 1 cucharada de aceite de oliva
- 14 onzas de tomates enlatados y cortados en cubitos
- 1/2 cucharada de chalota picada
- 1/4 taza de vino blanco
- Sal marina y pimienta negra al gusto
- 6 almejas de cereza, limpias
- 4 onzas de tilapia, cortada en tiras de 1 pulgada
- 4 onzas de vieiras secas
- 1/8 taza de queso parmesano rallado
- 1/2 cucharadita de mejorana, picada y fresca

Direcciones:

Hierva el agua en una olla, luego cocine la pasta hasta que esté tierna, lo que debería tomar aproximadamente ocho minutos. Escurre y luego enjuaga la pasta.

Caliente el aceite con una sartén grande a fuego medio y, una vez que esté caliente, agregue el ajo y la chalota. Cocine por un minuto y revuelva con frecuencia.

Aumente el fuego a medio-alto antes de agregar la sal, el vino, la pimienta y los tomates, y déjelo hervir a fuego lento. Cocine por un minuto más.

A continuación, agregue las almejas, cubriendo y cocinando durante otros dos minutos.

A continuación, agregue la mejorana, las vieiras y el pescado. Continúe cocinando hasta que el pescado esté completamente cocido y las almejas se hayan abierto, esto tomará hasta cinco minutos y eliminará las almejas que no se abran.

Vierta la salsa y las almejas sobre la pasta, espolvoreando con parmesano y mejorana antes de servir. Sirva caliente.

Nutrición (por 100 g): 329 calorías 12 g de grasas 10 g de carbohidratos 33 g de proteínas 836 mg de sodio

Salsa de tomate y camarones con jengibre

Tiempo de preparación: 10 minutos.

Hora de cocinar : 15 minutos

Porciones: 2

Nivel de dificultad: Difícil

Ingredientes:

- 1 1/2 cucharadas de aceite vegetal
- 1 diente de ajo picado
- 10 camarones, extra grandes, pelados y sin colas
- 3/4 cucharadas de dedo, rallado y pelado
- 1 tomate verde, cortado por la mitad
- 2 tomates ciruela, cortados por la mitad
- 1 cucharada de jugo de lima, fresco
- 1/2 cucharadita de azúcar
- 1/2 cucharada de jalapeño con semillas, fresco y picado
- 1/2 cucharada de albahaca fresca y picada
- 1/2 cucharada de cilantro, picado y fresco
- 10 brochetas
- Sal marina y pimienta negra al gusto

Direcciones:

Sumerge las brochetas en una olla con agua durante al menos media hora.

Revuelva el ajo y el jengibre en un tazón, transfiera la mitad a un tazón más grande y revuelva con dos cucharadas de su aceite. Agregue los camarones y asegúrese de que estén bien cubiertos.

Cúbralo y transfiéralo al refrigerador por al menos media hora, y luego déjelo refrigerar.

Caliente su parrilla a fuego alto y engrase las rejillas ligeramente con aceite. Saque un tazón y mezcle la ciruela y los tomates verdes con la cucharada restante de aceite, sazone con sal y pimienta.

Ase los tomates con el lado cortado hacia arriba y la piel debe estar carbonizada. La pulpa del tomate debe estar tierna, lo que tomará entre cuatro y seis minutos para el tomate ciruela y aproximadamente diez minutos para el tomate verde.

Retire la piel una vez que los tomates estén lo suficientemente fríos para manipularlos y luego deseche las semillas. Pica finamente la pulpa de los tomates, añadiéndola al jengibre y el ajo reservados. Agregue su azúcar, jalapeño, jugo de limón y albahaca.

Sazone los camarones con sal y pimienta, enroscándolos en las brochetas, y luego cocínelos a la parrilla hasta que se vuelvan opacos, que son aproximadamente dos minutos por cada lado. Coloque los camarones en una fuente con su gusto y disfrútelos.

Nutrición (por 100 g): 391 calorías 13 g de grasas 11 g de carbohidratos 34 g de proteína 693 mg de sodio

Camarones y Pasta

Tiempo de preparación: 10 minutos.

Hora de cocinar : 10 minutos

Porciones: 2

Nivel de dificultad: promedio

Ingredientes:

- 2 tazas de pasta de cabello de ángel, cocida
- 1/2 libra de camarones medianos, pelados
- 1 diente de ajo picado
- 1 taza de tomate picado
- 1 cucharadita de aceite de oliva
- 1/6 taza de aceitunas Kalamata, sin hueso y picadas
- 1/8 taza de albahaca, fresca y fina en rodajas
- 1 cucharada de alcaparras, escurridas
- 1/8 taza de queso feta, desmenuzado
- Pizca de pimienta negra

Direcciones:

Cocine la pasta según las instrucciones del paquete y luego caliente el aceite de oliva en una sartén a fuego medio-alto. Cocina el ajo por medio minuto y luego agrega los camarones. Saltee por un minuto más.

Agregue la albahaca y el tomate, y luego reduzca el fuego para dejar que hierva a fuego lento durante tres minutos. Tu tomate debe estar tierno.

Agrega las aceitunas y las alcaparras. Agregue una pizca de pimienta negra y combine la mezcla de camarones y la pasta para servir. Cubra con queso antes de servir tibio.

Nutrición (por 100 g): 357 calorías 11 g de grasas 9 g de carbohidratos 30 g de proteínas 871 mg de sodio

Bacalao Escalfado

Tiempo de preparación: 10 minutos.

Hora de cocinar : 25 minutos

Porciones: 2

Nivel de dificultad: promedio

Ingredientes:

- 2 filetes de bacalao, 6 onzas
- Sal marina y pimienta negra al gusto
- 1/4 taza de vino blanco seco
- 1/4 taza de caldo de mariscos
- 2 dientes de ajo, picados
- 1 hoja de laurel
- 1/2 cucharadita de salvia, fresca y picada
- 2 ramitas de romero para decorar

Direcciones:

Comience por encender el horno a 375 y luego sazone los filetes con sal y pimienta. Colóquelos en una fuente para horno y agregue el caldo, el ajo, el vino, la salvia y la hoja de laurel. Cubra bien y luego hornee por veinte minutos. Su pescado debe estar escamoso cuando se prueba con un tenedor.

Use una espátula para quitar cada filete, coloque el líquido a fuego alto y cocine para reducir a la mitad. Esto debería tomar diez minutos y debes revolver con frecuencia. Sirva goteando en líquido de escalfado y adornado con una ramita de romero.

Nutrición (por 100 g): 361 calorías 10 g de grasas 9 g de carbohidratos 34 g de proteínas 783 mg de sodio

Mejillones al vino blanco

Tiempo de preparación: 5 minutos.

Hora de cocinar : 10 minutos

Porciones: 2

Nivel de dificultad: Difícil

Ingredientes:

- 2 libras. Mejillones vivos, frescos
- 1 taza de vino blanco seco
- 1/4 de cucharadita de sal marina fina
- 3 dientes de ajo, picados
- 2 cucharaditas de chalotas, cortadas en cubitos
- 1/4 taza de perejil, fresco y picado, dividido
- 2 cucharadas de aceite de oliva
- 1/4 de limón, jugo

Direcciones:

Saca un colador y friega los mejillones, enjuagándolos con agua fría. Deseche los mejillones que no se cierran si se golpean y luego use un cuchillo de cocina para quitarles la barba a cada uno.

Saque la olla, colóquela a fuego medio-alto y agregue el ajo, las chalotas, el vino y el perejil. Llévelo a fuego lento. Una vez que esté a fuego lento, agregue los mejillones y cubra. Déjelos hervir a fuego lento durante cinco a siete minutos. Asegúrese de que no se cocinen demasiado.

Use una espumadera para quitarlos y agregue su jugo de limón y aceite de oliva en la olla. Remueve bien y vierte el caldo sobre los mejillones antes de servirlos con el perejil.

Nutrición (por 100 g): 345 calorías 9 g de grasas 18 g de carbohidratos 37 g de proteínas 693 mg de sodio

Salmón Dilly

Tiempo de preparación: 10 minutos.

Hora de cocinar : 15 minutos

Porciones: 2

Nivel de dificultad: promedio

Ingredientes:

- 2 filetes de salmón, 6 onzas cada uno
- 1 cucharada de aceite de oliva
- 1/2 mandarina, jugo
- 2 cucharaditas de ralladura de naranja
- 2 cucharadas de eneldo, fresco y picado
- Sal marina y pimienta negra al gusto

Direcciones:

Prepare el horno a 375 grados y luego saque dos trozos de papel de aluminio de diez pulgadas. Frote los filetes con aceite de oliva por ambos lados antes de sazonar con sal y pimienta, colocando cada filete en un trozo de papel de aluminio.

Rocíe su jugo de naranja sobre cada uno y luego cubra con ralladura de naranja y eneldo. Doble el paquete para cerrarlo, asegurándose de que tenga dos pulgadas de espacio de aire dentro del papel de aluminio para que su pescado pueda cocinarse al vapor, y luego colóquelo en una fuente para hornear.

Hornee durante quince minutos antes de abrir los paquetes y transfiera a dos platos para servir. Vierta la salsa sobre cada uno antes de servir.

Nutrición (por 100 g): 366 calorías 14 g de grasas 9 g de carbohidratos 36 g de proteína 689 mg de sodio

Salmón Suave

Tiempo de preparación: 8 minutos.

Hora de cocinar : 8 minutos

Porciones: 2

Nivel de dificultad: Fácil

Ingredientes:

- Salmón, filete de 6 onzas
- Limón, 2 rodajas
- Alcaparras, 1 cucharada
- Sal marina y pimienta, 1/8 de cucharadita
- Aceite de oliva virgen extra, 1 cucharada

Direcciones:

Coloca una sartén limpia a fuego medio para preparar por 3 minutos. Coloque aceite de oliva en un plato y cubra el salmón por completo. Cocina el salmón a fuego alto en la sartén.

Cubre el salmón con el resto de los ingredientes y dale la vuelta para cocinar por cada lado. Observe cuando ambos lados son marrones. Puede tomar de 3 a 5 minutos por cada lado. Asegúrese de que el salmón esté cocido probando con un tenedor.

Sirve con rodajas de limón.

Nutrición (por 100 g): 371 Calorías 25,1 g Grasas 0,9 g Carbohidratos 33,7 g Proteínas 782 mg Sodio

Melodía de atún

Tiempo de preparación: 20 minutos.

Hora de cocinar : 20 minutos

Porciones: 2

Nivel de dificultad: Fácil

Ingredientes:

- Atún, 12 onzas
- Cebollas verdes, 1 para decorar
- Pimiento morrón, ¼, picado
- Vinagre, 1 pizca
- Sal y pimienta para probar
- 1 aguacate, cortado por la mitad y sin hueso
- Yogur griego, 2 cucharadas

Direcciones:

Mezclar el atún con el vinagre, la cebolla, el yogur, el aguacate y el pimiento en un bol.

Agregue los condimentos, mezcle y sirva con la guarnición de cebolla verde.

Nutrición (por 100 g): 294 Calorías 19 g Grasas 10 g Carbohidratos 12 g Proteínas 836 mg Sodio

Queso de mar

Tiempo de preparación: 12 minutos.

Hora de cocinar : 25 minutos

Porciones: 2

Nivel de dificultad: Fácil

Ingredientes:

- Salmón, filete de 6 onzas
- Albahaca seca, 1 cucharada
- Queso, 2 cucharadas, rallado
- 1 tomate en rodajas
- Aceite de oliva virgen extra, 1 cucharada

Direcciones:

Prepare un horno para hornear a 375 F. Coloque una capa de papel de aluminio en una fuente para hornear y rocíe con aceite de cocina. Transfiera con cuidado el salmón a la bandeja para hornear y cubra con el resto de los ingredientes.

Deje que el salmón se dore durante 20 minutos. Deje enfriar durante cinco minutos y transfiera a un plato para servir. Verá la cobertura en medio del salmón.

Nutrición (por 100 g): 411 Calorías 26,6 g Grasas 1,6 g Carbohidratos 8 g Proteínas 822 mg Sodio

Filetes Saludables

Tiempo de preparación: 10 minutos.

Hora de cocinar : 20 minutos

Porciones: 2

Nivel de dificultad: Fácil

Ingredientes:

- Aceite de oliva, 1 cucharadita
- Filete de fletán, 8 onzas
- Ajo, ½ cucharadita, picado
- Mantequilla, 1 cucharada
- Sal y pimienta para probar

Direcciones:

Calentar una sartén y agregar el aceite. A fuego medio, dore los filetes en una sartén, derrita la mantequilla con el ajo, la sal y la pimienta. Agregue los filetes, mezcle para cubrir y sirva.

Nutrición (por 100 g): 284 Calorías 17 g Grasas 0,2 g Carbohidratos 8 g Proteínas 755 mg Sodio

Salmón a base de hierbas

Tiempo de preparación: 8 minutos.

Hora de cocinar : 18 minutos

Porciones: 2

Nivel de dificultad: Fácil

Ingredientes:

- Salmón, 2 filetes sin piel
- Sal gruesa al gusto
- Aceite de oliva virgen extra, 1 cucharada
- 1 limón en rodajas
- Romero fresco, 4 ramitas

Direcciones:

Precaliente el horno a 400F. Coloque papel de aluminio en una fuente para hornear y coloque el salmón encima. Cubra el salmón con el resto de los ingredientes y hornee por 20 minutos. Sirva inmediatamente con rodajas de limón.

Nutrición (por 100 g): 257 Calorías 18 g Grasas 2,7 g Carbohidratos 7 g Proteínas 836 mg Sodio

Atún Glaseado Ahumado

Tiempo de preparación: 35 minutos.

Hora de cocinar : 10 minutos

Porciones: 2

Nivel de dificultad: Fácil

Ingredientes:

- Atún, filetes de 4 onzas
- Jugo de naranja, 1 cucharada
- Ajo picado, ½ diente
- Jugo de limón, ½ cucharadita
- Perejil fresco, 1 cucharada, picado
- Salsa de soja, 1 cucharada
- Aceite de oliva virgen extra, 1 cucharada
- Pimienta negra molida, ¼ de cucharadita
- Orégano, ¼ de cucharadita

Direcciones:

Elija un plato para mezclar y agregue todos los ingredientes, excepto el atún. Mezclar bien y luego agregar el atún a la marinada. Refrigera esta mezcla durante media hora. Calentar una sartén grill y cocinar el atún por cada lado durante 5 minutos. Sirva cuando esté cocido.

Nutrición (por 100 g): 200 Calorías 7,9 g Grasas 0,3 g Carbohidratos 10 g Proteínas 734 mg Sodio

Halibut crujiente

Tiempo de preparación: 20 minutos.

Hora de cocinar : 15 minutos

Porciones: 2

Nivel de dificultad: Fácil

Ingredientes:

- Perejil por encima
- Eneldo fresco, 2 cucharadas, picado
- Cebolletas frescas, 2 cucharadas, picadas
- Aceite de oliva, 1 cucharada
- Sal y pimienta para probar
- Fletán, filetes, 6 onzas
- Ralladura de limón, ½ cucharadita, finamente rallada
- Yogur griego, 2 cucharadas

Direcciones:

Precaliente el horno a 400F. Cubra una bandeja para hornear con papel de aluminio. Agrega todos los ingredientes a un plato ancho y marina los filetes. Enjuague y seque los filetes; luego agregar al horno y hornear por 15 minutos.

Nutrición (por 100 g): 273 Calorías 7,2 g Grasas 0,4 g Carbohidratos 9 g Proteínas 783 mg Sodio

Atún en forma

Tiempo de preparación: 15 minutos.

Hora de cocinar : 10 minutos

Porciones: 2

Nivel de dificultad: Fácil

Ingredientes:

- Huevo, ½
- Cebolla, 1 cucharada, finamente picada
- Apio arriba
- Sal y pimienta para probar
- Ajo, 1 diente, picado
- Atún enlatado, 7 onzas
- Yogur griego, 2 cucharadas

Direcciones:

Escurre el atún y agrega el huevo y el yogur con el ajo, la sal y la pimienta.

En un tazón, combine esta mezcla con cebollas y forme hamburguesas. Tome una sartén grande y dore las hamburguesas durante 3 minutos por lado. Escurrir y servir.

Nutrición (por 100 g): 230 Calorías 13 g Grasas 0,8 g Carbohidratos 10 g Proteínas 866 mg Sodio

Filetes de pescado frescos y calientes

Tiempo de preparación: 14 minutos.

Hora de cocinar : 14 minutos

Porciones: 2

Nivel de dificultad: Fácil

Ingredientes:

- Ajo, 1 diente, picado
- Jugo de limón, 1 cucharada
- Azúcar morena, 1 cucharada
- Filete de fletán, 1 libra
- Sal y pimienta para probar
- Salsa de soja, ¼ de cucharadita
- Mantequilla, 1 cucharadita
- Yogur griego, 2 cucharadas

Direcciones:

A fuego medio, precalienta la parrilla. Mezcle la mantequilla, el azúcar, el yogur, el jugo de limón, la salsa de soja y los condimentos en un bol. Calentar la mezcla en una sartén. Use esta mezcla para untar el bistec mientras lo cocina en la parrilla. Servir caliente.

Nutrición (por 100 g): 412 Calorías 19,4 g Grasas 7,6 g Carbohidratos 11 g Proteínas 788 mg Sodio

Mejillones O 'Marine

Tiempo de preparación: 20 minutos.

Hora de cocinar : 10 minutos

Porciones: 2

Nivel de dificultad: Fácil

Ingredientes:

- Mejillones, lavados y deshuesados, 1 libra
- Leche de coco, ½ taza
- Pimienta de cayena, 1 cucharadita
- Jugo de limón fresco, 1 cucharada
- Ajo, 1 cucharadita, picado
- Cilantro, recién picado para cubrir
- Azúcar morena, 1 cucharadita

Direcciones:

Mezclar todos los ingredientes, excepto los mejillones en una olla. Calentar la mezcla y llevar a ebullición. Agrega los mejillones y cocina por 10 minutos. Servir en un plato con el líquido hervido.

Nutrición (por 100 g): 483 Calorías 24,4 g Grasas 21,6 g Carbohidratos 1,2 g Proteínas 499 mg Sodio

Asado de ternera mediterráneo en olla de cocción lenta

Tiempo de preparación: 10 minutos.

Hora de cocinar : 10 horas y 10 minutos

Porciones: 6

Nivel de dificultad: promedio

Ingredientes:

- 3 libras de asado Chuck, deshuesado
- 2 cucharaditas de romero
- ½ taza de tomates, secados al sol y picados
- 10 dientes de ajo rallado
- ½ taza de caldo de res
- 2 cucharadas de vinagre balsámico
- ¼ taza de perejil italiano picado, fresco
- ¼ taza de aceitunas picadas
- 1 cucharadita de ralladura de limón
- ¼ taza de sémola de queso

Direcciones:

En la olla de cocción lenta, ponga el ajo, los tomates secos y la carne asada. Agregue el caldo de res y el romero. Cierre la olla y cocine a fuego lento durante 10 horas.

Una vez finalizada la cocción, retire la carne y desmenuce la carne. Deseche la grasa. Vuelva a colocar la carne desmenuzada en la olla de cocción lenta y cocine a fuego lento durante 10 minutos. En un tazón pequeño combine la ralladura de limón, el perejil y las aceitunas. Enfríe la mezcla hasta que esté listo para servir. Adorne con la mezcla refrigerada.

Sírvelo sobre pasta o fideos de huevo. Cúbralo con sémola de queso.

Nutrición (por 100 g): 314 Calorías 19 g Grasas 1 g Carbohidratos 32 g Proteínas 778 mg Sodio

Ternera mediterránea en olla de cocción lenta con alcachofas

Tiempo de preparación : 3 horas y 20 minutos
Hora de cocinar : 7 horas y 8 minutos
Porciones: 6
Nivel de dificultad: Fácil

Ingredientes:

- 2 libras de ternera para estofado
- 14 onzas de corazones de alcachofa
- 1 cucharada de aceite de semilla de uva
- 1 cebolla picada
- 32 onzas de caldo de res
- 4 dientes de ajo rallados
- 14½ onzas de tomates enlatados, cortados en cubitos
- 15 onzas de salsa de tomate
- 1 cucharadita de orégano seco
- ½ taza de aceitunas picadas y sin hueso
- 1 cucharadita de perejil seco
- 1 cucharadita de orégano seco
- ½ cucharadita de comino molido
- 1 cucharadita de albahaca seca
- 1 hoja de laurel
- ½ cucharadita de sal

Direcciones:

En una sartén grande antiadherente vierta un poco de aceite y lleve a fuego medio-alto. Ase la carne hasta que se dore por ambos lados. Transfiera la carne a una olla de cocción lenta.

Agregue el caldo de res, los tomates cortados en cubitos, la salsa de tomate, la sal y combine. Vierta el caldo de res, los tomates cortados en cubitos, el orégano, las aceitunas, la albahaca, el perejil, la hoja de laurel y el comino. Combine bien la mezcla.

Cerrar y cocinar a fuego lento durante 7 horas. Desechar la hoja de laurel en el momento de servir. Servir caliente.

Nutrición (por 100 g): 416 Calorías 5 g Grasas 14,1 g Carbohidratos 29,9 g Proteínas 811 mg Sodio

Asado flaco estilo mediterráneo en olla de cocción lenta

Tiempo de preparación: 30 minutos.
Tiempo de cocción: 8 horas.
Porciones: 10
Nivel de dificultad: Difícil

Ingredientes:

- 4 libras de ojo de asado redondo
- 4 dientes de ajo
- 2 cucharaditas de aceite de oliva
- 1 cucharadita de pimienta negra recién molida
- 1 taza de cebollas picadas
- 4 zanahorias picadas
- 2 cucharaditas de romero seco
- 2 tallos de apio picados
- 28 onzas de tomates triturados en lata
- 1 taza de caldo de res bajo en sodio
- 1 taza de vino tinto
- 2 cucharaditas de sal

Direcciones:

Sazone la carne asada con sal, ajo y pimienta y reserve. Vierta el aceite en una sartén antiadherente y lleve a fuego medio-alto. Ponga la carne en ella y ase hasta que se dore por todos lados.

Ahora, transfiera la carne asada a una olla de cocción lenta de 6 cuartos. Agregue las zanahorias, la cebolla, el romero y el apio en la sartén. Continúe cocinando hasta que la cebolla y la verdura se ablanden.

Agregue los tomates y el vino a esta mezcla de verduras. Agregue el caldo de res y la mezcla de tomate en la olla de cocción lenta junto con la mezcla de verduras. Cierre y cocine a fuego lento durante 8 horas.

Una vez que la carne esté cocida, retírela de la olla de cocción lenta y colóquela en una tabla de cortar y envuélvala con papel de aluminio. Para espesar la salsa, luego transfiérala a una cacerola y hiérvala a fuego lento hasta que alcance la consistencia requerida. Deseche las grasas antes de servir.

Nutrición (por 100 g): 260 Calorías 6 g Grasas 8.7 g Carbohidratos 37.6 g Proteínas 588 mg Sodio

Pastel de carne en olla de cocción lenta

Tiempo de preparación: 10 minutos.

Hora de cocinar : 6 horas y 10 minutos

Porciones: 8

Nivel de dificultad: promedio

Ingredientes:

- 2 libras de bisonte molido
- 1 calabacín rallado
- 2 huevos grandes
- Spray de aceite de oliva para cocinar según sea necesario
- 1 calabacín, rallado
- ½ taza de perejil, fresco, finamente picado
- ½ taza de queso parmesano, rallado
- 3 cucharadas de vinagre balsámico
- 4 dientes de ajo rallados
- 2 cucharadas de cebolla picada
- 1 cucharada de orégano seco
- ½ cucharadita de pimienta negra molida
- ½ cucharadita de sal kosher
- Para el aderezo:
- ¼ taza de queso mozzarella rallado
- ¼ taza de salsa de tomate sin azúcar
- ¼ taza de perejil recién picado

Direcciones:

Forre rayas en el interior de una olla de cocción lenta de seis cuartos con papel de aluminio. Rocíe aceite de cocina antiadherente sobre él.

En un tazón grande, combine el bisonte molido o el solomillo molido extra magro, el calabacín, los huevos, el perejil, el vinagre balsámico, el ajo, el orégano seco, la sal marina o kosher, la cebolla seca picada y la pimienta negra molida.

Coloque esta mezcla en la olla de cocción lenta y forme una barra de forma oblonga. Tape la olla, ponga a fuego lento y cocine por 6 horas. Después de cocinar, abra la olla y esparza la salsa de tomate por todo el pastel de carne.

Ahora, coloque el queso sobre la salsa de tomate como una nueva capa y cierre la olla de cocción lenta. Deje reposar el pastel de carne sobre estas dos capas durante unos 10 minutos o hasta que el queso comience a derretirse. Adorne con perejil fresco y queso mozzarella rallado.

Nutrición (por 100 g): 320 Calorías 2 g Grasas 4 g Carbohidratos 26 g Proteínas 681 mg Sodio

Hoagies mediterráneos de carne de cocción lenta

Tiempo de preparación: 10 minutos.
Tiempo de cocción: 13 horas.
Porciones: 6
Nivel de dificultad: promedio

Ingredientes:

- 3 libras de carne asada sin grasa
- ½ cucharadita de cebolla en polvo
- ½ cucharadita de pimienta negra
- 3 tazas de caldo de res bajo en sodio
- 4 cucharaditas de mezcla para aderezo para ensaladas
- 1 hoja de laurel
- 1 cucharada de ajo picado
- 2 pimientos morrones rojos, cortados en tiras finas
- 16 onzas de pepperoncino
- 8 rodajas de Sargento provolone, finas
- 2 onzas de pan sin gluten
- ½ cucharadita de sal
- <u>Para sasonar:</u>
- 1½ cucharada de cebolla en polvo
- 1½ cucharada de ajo en polvo
- 2 cucharadas de perejil seco

- 1 cucharada de stevia
- ½ cucharadita de tomillo seco
- 1 cucharada de orégano seco
- 2 cucharadas de pimienta negra
- 1 cucharada de sal
- 6 lonchas de queso

Direcciones:

Seque el asado con una toalla de papel. Combine la pimienta negra, la cebolla en polvo y la sal en un tazón pequeño y frote la mezcla sobre el asado. Coloque el asado sazonado en una olla de cocción lenta.

Agregue el caldo, la mezcla de aderezo para ensaladas, la hoja de laurel y el ajo a la olla de cocción lenta. Combínalo suavemente. Cerrar y poner a fuego lento durante 12 horas. Después de cocinar, retire la hoja de laurel.

Saque la carne cocida y desmenuce la carne. Vuelva a colocar la carne deshebrada y agregue los pimientos y. Agregue los pimientos y el pepperoncino en la olla de cocción lenta. Tape la olla y cocine a fuego lento durante 1 hora. Antes de servir, cubra cada uno de los panes con 3 onzas de la mezcla de carne. Cúbralo con una rodaja de queso. La salsa líquida se puede utilizar como salsa.

Nutrición (por 100 g): 442 Calorías 11,5 g Grasas 37 g Carbohidratos 49 g Proteínas 735 mg Sodio

Asado de cerdo mediterráneo

Tiempo de preparación: 10 minutos.

Hora de cocinar : 8 horas y 10 minutos

Porciones: 6

Nivel de dificultad: promedio

Ingredientes:

- 2 cucharadas de aceite de oliva
- 2 libras de cerdo asado
- ½ cucharadita de pimentón
- ¾ taza de caldo de pollo
- 2 cucharaditas de salvia seca
- ½ cucharada de ajo picado
- ¼ de cucharadita de mejorana seca
- ¼ de cucharadita de romero seco
- 1 cucharadita de orégano
- ¼ de cucharadita de tomillo seco
- 1 cucharadita de albahaca
- ¼ de cucharadita de sal kosher

Direcciones:

En un tazón pequeño, mezcle el caldo, el aceite, la sal y las especias. En una sartén vierte el aceite de oliva y lleva a fuego medio-alto. Ponga la carne de cerdo y ase hasta que todos los lados se doren.

Saque el cerdo después de cocinarlo y pinche todo el asado con un cuchillo. Coloque el asado de cerdo picado en una olla de barro de 6 cuartos de galón. Ahora, vierte el líquido de la mezcla del tazón pequeño sobre todo el asado.

Selle la olla de barro y cocine a fuego lento durante 8 horas. Después de cocinar, retírelo de la olla de barro sobre una tabla de cortar y triture en pedazos. Luego, agregue el cerdo desmenuzado nuevamente en la olla de cocción lenta. Cocine a fuego lento otros 10 minutos. Sirva junto con queso feta, pan de pita y tomates.

Nutrición (por 100 g): 361 Calorías 10,4 g Grasas 0,7 g Carbohidratos 43,8 g Proteínas 980 mg Sodio

Pizza de carne

Tiempo de preparación: 20 minutos.

Hora de cocinar : 50 minutos

Porciones: 10

Nivel de dificultad: Difícil

Ingredientes:

- <u>Para la corteza:</u>
- 3 tazas de harina para todo uso
- 1 cucharada de azucar
- 2¼ cucharaditas de levadura seca activa
- 1 cucharadita de sal
- 2 cucharadas de aceite de oliva
- 1 taza de agua tibia
- <u>Para cubrir:</u>
- 1 libra de carne molida
- 1 cebolla mediana picada
- 2 cucharadas de pasta de tomate
- 1 cucharada de comino molido
- Sal y pimienta negra molida, según se requiera
- ¼ de taza de agua
- 1 taza de espinaca fresca picada
- 8 onzas de corazones de alcachofa, en cuartos
- 4 onzas de champiñones frescos, rebanados

- 2 tomates picados
- 4 onzas de queso feta, desmenuzado

Direcciones:

Para la corteza:

Mezcle la harina, el azúcar, la levadura y la sal con una batidora de pie, usando el gancho para masa. Agrega 2 cucharadas de aceite y agua tibia y amasa hasta que se forme una masa suave y elástica.

Hacer una bola con la masa y dejar reposar durante unos 15 minutos.

Coloque la masa sobre una superficie ligeramente enharinada y enrolle en círculo. Coloque la masa en un molde para pizza redondo ligeramente engrasado y presione suavemente para que encaje. Dejar reposar durante unos 10-15 minutos. Cubra la corteza con un poco de aceite. Precaliente el horno a 400 grados F.

Para cubrir:

Freír la carne en una sartén antiadherente a fuego medio-alto durante unos 4-5 minutos. Mezcle la cebolla y cocine durante unos 5 minutos, revolviendo con frecuencia. Agregue la pasta de tomate, el comino, la sal, la pimienta negra y el agua y revuelva para combinar.

Ponga el fuego a medio y cocine durante unos 5-10 minutos. Sáquelo del fuego y apártelo. Coloque la mezcla de carne sobre la base de la pizza y cubra con las espinacas, seguidas de las alcachofas, los champiñones, los tomates y el queso feta.

Hornea hasta que el queso se derrita. Retirar del horno y dejar reposar durante unos 3-5 minutos antes de cortar. Cortar en rodajas del tamaño deseado y servir.

Nutrición (por 100 g): 309 Calorías 8,7 g Grasas 3,7 g Carbohidratos 3,3 g Proteínas 732 mg Sodio

Albóndigas de ternera y bulgur

Tiempo de preparación: 20 minutos.

Hora de cocinar : 28 minutos

Porciones: 6

Nivel de dificultad: promedio

Ingredientes:

- ¾ taza de bulgur crudo
- 1 libra de carne molida
- ¼ de taza de chalotas picadas
- ¼ taza de perejil fresco picado
- ½ cucharadita de pimienta gorda molida
- ½ cucharadita de comino molido
- ½ cucharadita de canela molida
- ¼ de cucharadita de hojuelas de pimiento rojo triturado
- Sal, según sea necesario
- 1 cucharada de aceite de oliva

Direcciones:

En un recipiente grande con agua fría, remoje el bulgur durante unos 30 minutos. Escurre bien el bulgur y luego, aprieta con las manos para eliminar el exceso de agua. En un procesador de alimentos, agregue el bulgur, la carne de res, la chalota, el perejil, las especias, la sal y el pulso hasta que se forme una mezcla suave.

Coloque la mezcla en un bol y refrigere, tapado, durante unos 30 minutos. Retirar del refrigerador y hacer bolas de igual tamaño con la mezcla de carne. En una sartén antiadherente grande, caliente el aceite a fuego medio-alto y cocine las albóndigas en 2 tandas durante aproximadamente 13-14 minutos, volteándolas con frecuencia. Sirva caliente.

Nutrición (por 100 g): 228 Calorías 7,4 g Grasas 0,1 g Carbohidratos 3,5 g Proteínas 766 mg Sodio

Sabrosa carne de res y brócoli

Tiempo de preparación: 10 minutos.

Hora de cocinar : 15 minutos

Porciones: 4

Nivel de dificultad: Fácil

Ingredientes:

- 1 y ½ libras. filete de flancos
- 1 cucharada. aceite de oliva
- 1 cucharada. salsa tamari
- 1 taza de caldo de res
- 1 libra de brócoli, floretes separados

Direcciones:

Combine las tiras de bistec con aceite y tamari, mezcle y deje reposar durante 10 minutos. Seleccione su olla instantánea en modo salteado, coloque las tiras de carne y dórelas durante 4 minutos por cada lado. Agregue el caldo, tape la olla nuevamente y cocine a fuego alto durante 8 minutos. Agregue el brócoli, cubra y cocine a fuego alto durante 4 minutos más. Divida todo entre platos y sirva. ¡Disfrutar!

Nutrición (por 100 g): 312 Calorías 5 g Grasas 20 g Carbohidratos 4 g Proteínas 694 mg Sodio

Chili De Maíz De Res

Tiempo de preparación: 8-10 minutos.

Hora de cocinar : 30 minutos

Porciones: 8

Nivel de dificultad: promedio

Ingredientes:

- 2 cebollas pequeñas, picadas (finamente)
- ¼ de taza de maíz enlatado
- 1 cucharada de aceite
- 10 onzas de carne molida magra
- 2 chiles pequeños, cortados en cubitos

Direcciones:

Enciende la olla instantánea. Haga clic en "SALTEAR". Vierta el aceite y luego agregue las cebollas, el ají y la carne; cocine hasta que se vuelva transparente y se ablande. Vierta las 3 tazas de agua en la olla de cocción; mezclar bien.

Selle la tapa. Seleccione "CARNE / GUISADO". Ajuste el temporizador a 20 minutos. Deje cocinar hasta que el temporizador llegue a cero.

Haga clic en "CANCELAR" y luego en "NPR" para obtener una presión de liberación natural durante unos 8-10 minutos. Abra y luego coloque el plato en platos para servir. Atender.

Nutrición (por 100 g): 94 Calorías 5 g Grasas 2 g Carbohidratos 7 g Proteínas 477 mg Sodio

Plato de ternera balsámico

Tiempo de preparación: 5 minutos.

Hora de cocinar : 55 minutos

Porciones: 8

Nivel de dificultad: promedio

Ingredientes:

- 3 libras de asado
- 3 dientes de ajo, en rodajas finas
- 1 cucharada de aceite
- 1 cucharadita de vinagre aromatizado
- ½ cucharadita de pimienta
- ½ cucharadita de romero
- 1 cucharada de mantequilla
- ½ cucharadita de tomillo
- ¼ taza de vinagre balsámico
- 1 taza de caldo de res

Direcciones:

Cortar las ranuras en el asado y rellenar en rodajas de ajo por todas partes. Combine vinagre aromatizado, romero, pimienta, tomillo y frote la mezcla sobre el asado. Seleccione la olla en modo saltear y mezcle el aceite, deje que el aceite se caliente. Cocine ambos lados del asado.

Sácalo y déjalo a un lado. Agregue la mantequilla, el caldo, el vinagre balsámico y desglasar la olla. Regrese el asado y cierre la tapa, luego cocine a ALTA presión durante 40 minutos.

Realice una liberación rápida. ¡Atender!

Nutrición (por 100 g): 393 Calorías 15 g Grasas 25 g Carbohidratos 37 g Proteínas 870 mg Sodio

Carne asada con salsa de soja

Tiempo de preparación: 8 minutos.

Hora de cocinar : 35 minutos

Porciones: 2-3

Nivel de dificultad: promedio

Ingredientes:

- ½ cucharadita de caldo de res
- 1 ½ cucharadita de romero
- ½ cucharadita de ajo picado
- 2 libras de rosbif
- 1/3 taza de salsa de soja

Direcciones:

Combine la salsa de soja, el caldo, el romero y el ajo en un tazón.

Enciende tu olla instantánea. Coloque el asado y vierta suficiente agua para cubrir el asado; revuelva suavemente para mezclar bien. Selle bien.

Haga clic en la función de cocción "CARNE / GUISO"; fije el nivel de presión en "ALTO" y fije el tiempo de cocción en 35 minutos. Deje que la presión se acumule para cocinar los ingredientes. Una vez hecho esto, haga clic en el ajuste "CANCELAR" y luego haga clic en la función de cocción "NPR" para liberar la presión de forma natural.

Abra gradualmente la tapa y triture la carne. Vuelva a mezclar la carne desmenuzada en la mezcla para macetas y revuelva bien. Transfiera en recipientes para servir. Sirva caliente.

Nutrición (por 100 g): 423 Calorías 14 g Grasas 12 g Carbohidratos 21 g Proteínas 884 mg Sodio

Chuck de ternera al romero asado

Tiempo de preparación: 5 minutos.

Hora de cocinar : 45 minutos

Porciones: 5-6

Nivel de dificultad: promedio

Ingredientes:

- 3 libras de carne asada
- 3 dientes de ajo
- ¼ taza de vinagre balsámico
- 1 ramita de romero fresco
- 1 ramita de tomillo fresco
- 1 taza de agua
- 1 cucharada de aceite vegetal
- Sal y pimienta para probar

Direcciones:

Picar en rodajas el asado de ternera y colocar los dientes de ajo en ellas. Frote el asado con las hierbas, la pimienta negra y la sal. Precalienta tu olla instantánea usando la configuración de saltear y vierte el aceite. Cuando esté caliente, mezcle la carne asada y cocine revolviendo hasta que se dore por todos lados. Agrega los ingredientes restantes; revuelva suavemente.

Selle herméticamente y cocine a fuego alto durante 40 minutos usando la configuración manual. Deje que la presión se libere de forma natural, unos 10 minutos. Destapar y poner la carne asada en los platos de servir, cortar en rodajas y servir.

Nutrición (por 100 g): 542 Calorías 11,2 g Grasas 8,7 g Carbohidratos 55,2 g Proteínas 710 mg Sodio

Chuletas de cerdo y salsa de tomate

Tiempo de preparación: 10 minutos.

Hora de cocinar : 20 minutos

Porciones: 4

Nivel de dificultad: Fácil

Ingredientes:

- 4 chuletas de cerdo, deshuesadas
- 1 cucharada de salsa de soja
- ¼ de cucharadita de aceite de sésamo
- 1 y ½ tazas de pasta de tomate
- 1 cebolla amarilla
- 8 champiñones, en rodajas

Direcciones:

En un bol, mezcla las chuletas de cerdo con salsa de soja y aceite de sésamo, revuelve y deja reposar por 10 minutos. Configure su olla instantánea en modo salteado, agregue las chuletas de cerdo y dórelas durante 5 minutos por cada lado. Agregue la cebolla y cocine por 1-2 minutos más. Agregue la pasta de tomate y los champiñones, mezcle, cubra y cocine a fuego alto durante 8-9 minutos. Divida todo entre platos y sirva. ¡Disfrutar!

Nutrición (por 100 g): 300 Calorías 7 g Grasas 18 g Carbohidratos 4 g Proteínas 801 mg Sodio

Pollo con Salsa de Alcaparras

Tiempo de preparación: 10 minutos.

Hora de cocinar : 18 minutos

Porciones: 5

Nivel de dificultad: Difícil

Ingredientes:

- Para pollo:
- 2 huevos
- Sal y pimienta negra molida, según se requiera
- 1 taza de pan rallado seco
- 2 cucharadas de aceite de oliva
- 1½ libras de pechugas de pollo deshuesadas y sin piel, machacadas en ¾ de pulgada de espesor y cortadas en trozos
- Para salsa de alcaparras:
- 3 cucharadas de alcaparras
- ½ taza de vino blanco seco
- 3 cucharadas de jugo de limón fresco
- Sal y pimienta negra molida, según se requiera
- 2 cucharadas de perejil fresco picado

Direcciones:

Para el pollo: en un plato llano, agrega los huevos, la sal y la pimienta negra y bate hasta que estén bien combinados. En otro plato poco profundo, coloque el pan rallado. Remoje los trozos de pollo en la mezcla de huevo y luego cúbralos con el pan rallado de manera uniforme. Sacude el exceso de pan rallado.

Cocine el aceite a fuego medio y cocine los trozos de pollo durante unos 5-7 minutos por lado o hasta que estén cocidos. Con una espumadera, coloque los trozos de pollo en un plato forrado con papel toalla. Con un trozo de papel de aluminio, cubra los trozos de pollo para mantenerlos calientes.

En la misma sartén, incorpore todos los ingredientes de la salsa excepto el perejil y cocine por unos 2-3 minutos, revolviendo continuamente. Incorpora el perejil y retira del fuego. Sirve los trozos de pollo con la salsa de alcaparras.

Nutrición (por 100 g): 352 Calorías 13,5 g Grasas 1,9 g Carbohidratos 1,2 g Proteínas 741 mg Sodio

Hamburguesas de Pavo con Salsa de Mango

Tiempo de preparación: 15 minutos.
Hora de cocinar : 10 minutos
Porciones: 6
Nivel de dificultad: Fácil

Ingredientes:

- 1½ libras de pechuga de pavo molida
- 1 cucharadita de sal marina, dividida
- ¼ de cucharadita de pimienta negra recién molida
- 2 cucharadas de aceite de oliva extra virgen
- 2 mangos, pelados, sin hueso y en cubos
- ½ cebolla morada, finamente picada
- Zumo de 1 lima
- 1 diente de ajo picado
- ½ chile jalapeño, sin semillas y finamente picado
- 2 cucharadas de hojas de cilantro frescas picadas

Direcciones:

Forme 4 hamburguesas con la pechuga de pavo y sazone con ½ cucharadita de sal marina y pimienta. Cocina el aceite de oliva en una sartén antiadherente hasta que brille. Agregue las hamburguesas de pavo y cocine durante unos 5 minutos por lado hasta que se doren. Mientras se cocinan las hamburguesas, mezcle el mango, la cebolla morada, el jugo de lima, el ajo, el jalapeño, el cilantro y la ½ cucharadita de sal marina restante en un tazón pequeño. Vierta la salsa sobre las empanadas de pavo y sirva.

Nutrición (por 100 g): 384 Calorías 3 g Grasas 27 g Carbohidratos 34 g Proteínas 692 mg Sodio

Pechuga de pavo asada con hierbas

Tiempo de preparación: 15 minutos.

Hora de cocinar : 1½ horas (más 20 minutos para descansar)

Porciones: 6

Nivel de dificultad: promedio

Ingredientes:

- 2 cucharadas de aceite de oliva extra virgen
- 4 dientes de ajo picados
- Ralladura de 1 limón
- 1 cucharada de hojas de tomillo frescas picadas
- 1 cucharada de hojas de romero frescas picadas
- 2 cucharadas de hojas frescas de perejil italiano picadas
- 1 cucharadita de mostaza molida
- 1 cucharadita de sal marina
- ¼ de cucharadita de pimienta negra recién molida
- 1 (6 libras) de pechuga de pavo con hueso y piel
- 1 taza de vino blanco seco

Direcciones:

Precalienta el horno a 325 ° F. Combine el aceite de oliva, el ajo, la ralladura de limón, el tomillo, el romero, el perejil, la mostaza, la sal marina y la pimienta. Cepille la mezcla de hierbas de manera uniforme sobre la superficie de la pechuga de pavo, afloje la piel y frote también por debajo. Coloque la pechuga de pavo en una fuente para hornear sobre una rejilla, con la piel hacia arriba.

Vierta el vino en la sartén. Ase de 1 a 1½ horas hasta que el pavo alcance una temperatura interna de 165 grados F. Saque del horno y déjelo por separado durante 20 minutos, cubierto con papel de aluminio para mantenerlo caliente, antes de cortarlo.

Nutrición (por 100 g): 392 Calorías 1 g Grasa 2 g Carbohidratos 84 g Proteína 741 mg Sodio

Salchicha de pollo y pimientos

Tiempo de preparación: 10 minutos.

Hora de cocinar : 20 minutos

Porciones: 6

Nivel de dificultad: promedio

Ingredientes:

- 2 cucharadas de aceite de oliva extra virgen
- 6 enlaces de salchicha de pollo italiana
- 1 cebolla
- 1 pimiento morrón rojo
- 1 pimiento verde
- 3 dientes de ajo picados
- ½ taza de vino blanco seco
- ½ cucharadita de sal marina
- ¼ de cucharadita de pimienta negra recién molida
- 1 pizca de hojuelas de pimiento rojo

Direcciones:

Cocine el aceite de oliva en una sartén grande hasta que brille. Agregue las salchichas y cocine de 5 a 7 minutos, volteándolas ocasionalmente, hasta que se doren y alcancen una temperatura interna de 165 ° F. Con unas pinzas, retire la salchicha de la sartén y déjela a un lado en una fuente, cubierta con papel de aluminio para que se mantenga caliente.

Regrese la sartén al fuego y mezcle la cebolla, el pimiento rojo y el pimiento verde. Cocine y revuelva ocasionalmente, hasta que las verduras comiencen a dorarse. Agregue el ajo y cocine por 30 segundos, revolviendo constantemente.

Agregue el vino, la sal marina, la pimienta y las hojuelas de pimiento rojo. Saque y doble los trozos dorados del fondo de la sartén. Cocine a fuego lento durante unos 4 minutos más, revolviendo, hasta que el líquido se reduzca a la mitad. Vierta los pimientos sobre las salchichas y sirva.

Nutrición (por 100 g): 173 Calorías 1 g Grasa 6 g Carbohidratos 22 g Proteína 582 mg Sodio

pollo Piccata

Tiempo de preparación: 10 minutos.

Hora de cocinar : 15 minutos

Porciones: 6

Nivel de dificultad: promedio

Ingredientes:

- ½ taza de harina integral
- ½ cucharadita de sal marina
- 1/8 cucharadita de pimienta negra recién molida
- 1½ libras de pechugas de pollo, cortadas en 6 trozos
- 3 cucharadas de aceite de oliva extra virgen
- 1 taza de caldo de pollo sin sal
- ½ taza de vino blanco seco
- Jugo de 1 limón
- Ralladura de 1 limón
- ¼ de taza de alcaparras, escurridas y enjuagadas
- ¼ de taza de hojas frescas de perejil picadas

Direcciones:

En un plato llano, bata la harina, la sal marina y la pimienta. Frote el pollo en la harina y elimine el exceso. Cocine el aceite de oliva hasta que brille.

Coloque el pollo y cocine durante unos 4 minutos por lado hasta que se dore. Saque el pollo de la sartén y déjelo a un lado, cubierto con papel de aluminio para mantenerlo caliente.

Vuelva a colocar la sartén al fuego y agregue el caldo, el vino, el jugo de limón, la ralladura de limón y las alcaparras. Use el lado de una cuchara y doble los trozos dorados del fondo de la sartén. Cocine a fuego lento hasta que el líquido espese. Saque la sartén del fuego y lleve el pollo a la sartén. Dar la vuelta para cubrir. Agrega el perejil y sirve.

Nutrición (por 100 g): 153 Calorías 2 g Grasas 9 g Carbohidratos 8 g Proteínas 692 mg Sodio

Pollo toscano en una sartén

Tiempo de preparación: 10 minutos.

Hora de cocinar : 25 minutos

Porciones: 6

Nivel de dificultad: Difícil

Ingredientes:

- ¼ taza de aceite de oliva extra virgen, cantidad dividida
- 1 libra de pechugas de pollo deshuesadas y sin piel, cortadas en trozos de ¾ de pulgada
- 1 cebolla picada
- 1 pimiento rojo picado
- 3 dientes de ajo picados
- ½ taza de vino blanco seco
- 1 lata (14 onzas) de tomates triturados, sin escurrir
- 1 lata (14 onzas) de tomates picados, escurridos
- 1 lata (14 onzas) de frijoles blancos, escurridos
- 1 cucharada de condimento italiano seco
- ½ cucharadita de sal marina
- 1/8 cucharadita de pimienta negra recién molida
- 1/8 cucharadita de hojuelas de pimiento rojo
- ¼ de taza de hojas de albahaca fresca picadas

Direcciones:

Cocine 2 cucharadas de aceite de oliva hasta que brille. Mezcle el pollo y cocine hasta que se dore. Retire el pollo de la sartén y déjelo a un lado en una fuente, cubierto con papel de aluminio para mantenerlo caliente.

Vuelva a colocar la sartén al fuego y caliente el aceite de oliva restante. Agrega la cebolla y el pimiento rojo. Cocine y revuelva raramente, hasta que las verduras estén blandas. Ponga el ajo y cocine por 30 segundos, revolviendo constantemente.

Agregue el vino y use el costado de la cuchara para sacar los trozos dorados del fondo de la sartén. Cocine por 1 minuto, revolviendo.

Mezcle los tomates triturados y picados, los frijoles blancos, el condimento italiano, la sal marina, la pimienta y las hojuelas de pimiento rojo. Deje hervir a fuego lento. Cocine por 5 minutos, revolviendo ocasionalmente.

Vuelva a colocar el pollo y los jugos que se hayan acumulado en la sartén. Cocine hasta que el pollo esté bien cocido. Retirar del fuego y agregar la albahaca antes de servir.

Nutrición (por 100 g): 271 Calorías 8 g Grasas 29 g Carbohidratos 14 g Proteínas 596 mg Sodio

Pollo Kapama

Tiempo de preparación: 10 minutos.

Tiempo de cocción: 2 horas.

Porciones: 4

Nivel de dificultad: promedio

Ingredientes:

- 1 lata (32 onzas) de tomates picados, escurridos
- ¼ taza de vino blanco seco
- 2 cucharadas de pasta de tomate
- 3 cucharadas de aceite de oliva extra virgen
- ¼ de cucharadita de hojuelas de pimiento rojo
- 1 cucharadita de pimienta gorda molida
- ½ cucharadita de orégano seco
- 2 clavos de olor enteros
- 1 rama de canela
- ½ cucharadita de sal marina
- 1/8 cucharadita de pimienta negra recién molida
- 4 mitades de pechuga de pollo deshuesadas y sin piel

Direcciones:

Mezcle los tomates, el vino, la pasta de tomate, el aceite de oliva, las hojuelas de pimiento rojo, la pimienta de Jamaica, el orégano, el clavo, la rama de canela, la sal marina y la pimienta en una olla grande. Deje hervir a fuego lento, revolviendo ocasionalmente. Deje hervir a fuego lento durante 30 minutos, revolviendo ocasionalmente. Retire y deseche los clavos enteros y la rama de canela de la salsa y deje enfriar la salsa.

Precalienta el horno a 350 ° F. Coloque el pollo en una fuente para hornear de 9 por 13 pulgadas. Vierta la salsa sobre el pollo y cubra la sartén con papel de aluminio. Continúe horneando hasta que alcance una temperatura interna de 165 ° F.

Nutrición (por 100 g): 220 calorías 3 g de grasa 11 g de carbohidratos 8 g de proteína 923 mg de sodio

Pechugas de pollo rellenas de espinacas y queso feta

Tiempo de preparación: 10 minutos.
Hora de cocinar : 45 minutos
Porciones: 4
Nivel de dificultad: promedio

Ingredientes:

- 2 cucharadas de aceite de oliva extra virgen
- 1 libra de espinacas tiernas frescas
- 3 dientes de ajo picados
- Ralladura de 1 limón
- ½ cucharadita de sal marina
- 1/8 cucharadita de pimienta negra recién molida
- ½ taza de queso feta desmenuzado
- 4 pechugas de pollo deshuesadas y sin piel

Direcciones:

Precalienta el horno a 350 ° F. Cocina el aceite de oliva a fuego medio hasta que brille. Agrega las espinacas. Continúe cocinando y revolviendo hasta que se ablanden.

Agregue el ajo, la ralladura de limón, la sal marina y la pimienta. Cocine por 30 segundos, revolviendo constantemente. Dejar enfriar un poco y mezclar con el queso.

Extienda la mezcla de espinacas y queso en una capa uniforme sobre los trozos de pollo y enrolle la pechuga alrededor del relleno. Manténgalo cerrado con palillos de dientes o cordel de carnicero. Coloque las pechugas en una fuente para hornear de 9 por 13 pulgadas y hornee durante 30 a 40 minutos, o hasta que el pollo tenga una temperatura interna de 165 ° F. Sacar del horno y dejar reposar durante 5 minutos antes de cortar y servir.

Nutrición (por 100 g): 263 Calorías 3 g Grasas 7 g Carbohidratos 17 g Proteínas 639 mg Sodio

Muslos de pollo al horno con romero

Tiempo de preparación: 5 minutos.

Tiempo de cocción: 1 hora.

Porciones: 6

Nivel de dificultad: Fácil

Ingredientes:

- 2 cucharadas de hojas de romero frescas picadas
- 1 cucharadita de ajo en polvo
- ½ cucharadita de sal marina
- 1/8 cucharadita de pimienta negra recién molida
- Ralladura de 1 limón
- 12 muslos de pollo

Direcciones:

Precalienta el horno a 350 ° F. Mezcle el romero, el ajo en polvo, la sal marina, la pimienta y la ralladura de limón.

Coloque las baquetas en una fuente para hornear de 9 por 13 pulgadas y espolvoree con la mezcla de romero. Hornee hasta que el pollo alcance una temperatura interna de 165 ° F.

Nutrición (por 100 g): 163 Calorías 1 g Grasa 2 g Carbohidratos 26 g Proteína 633 mg Sodio

Pollo con Cebollas, Papas, Higos y Zanahorias

Tiempo de preparación: 5 minutos.
Hora de cocinar : 45 minutos
Porciones: 4
Nivel de dificultad: promedio

Ingredientes:

- 2 tazas de papas alevines, cortadas por la mitad
- 4 higos frescos, cortados en cuartos
- 2 zanahorias en juliana
- 2 cucharadas de aceite de oliva extra virgen
- 1 cucharadita de sal marina, dividida
- ¼ de cucharadita de pimienta negra recién molida
- 4 cuartos de muslo de pierna de pollo
- 2 cucharadas de hojas de perejil fresco picadas

Direcciones:

Precalienta el horno a 425 ° F. En un tazón pequeño, mezcle las papas, los higos y las zanahorias con el aceite de oliva, ½ cucharadita de sal marina y la pimienta. Extienda en una fuente para hornear de 9 por 13 pulgadas.

Sazone el pollo con el resto de la sal marina. Colócalo encima de las verduras. Hornee hasta que las verduras estén blandas y el pollo alcance una temperatura interna de 165 ° F. Espolvorear con el perejil y servir.

Nutrición (por 100 g): 429 Calorías 4 g Grasas 27 g Carbohidratos 52 g Proteínas 581 mg Sodio

Gyros de pollo con tzatziki

Tiempo de preparación: 15 minutos.

Hora de cocinar : 1 hora y 20 minutos

Porciones: 6

Nivel de dificultad: promedio

Ingredientes:

- 1 libra de pechuga de pollo molida
- 1 cebolla rallada con exceso de agua escurrida
- 2 cucharadas de romero seco
- 1 cucharada de mejorana seca
- 6 dientes de ajo picados
- ½ cucharadita de sal marina
- ¼ de cucharadita de pimienta negra recién molida
- salsa tzatziki

Direcciones:

Precalienta el horno a 350 ° F. Mezcle el pollo, la cebolla, el romero, la mejorana, el ajo, la sal marina y la pimienta con un procesador de alimentos. Licúa hasta que la mezcla forme una pasta. Alternativamente, mezcle estos ingredientes en un tazón hasta que estén bien combinados (consulte el consejo de preparación).

Presione la mezcla en un molde para pan. Hornee hasta que alcance 165 grados de temperatura interna. Sacar del horno y dejar reposar 20 minutos antes de cortar.

Corta el gyro y vierte la salsa tzatziki por encima.

Nutrición (por 100 g): 289 Calorías 1 g Grasa 20 g Carbohidratos 50 g Proteína 622 mg Sodio

Musaca

Tiempo de preparación: 10 minutos.

Hora de cocinar : 45 minutos

Porciones: 8

Nivel de dificultad: Difícil

Ingredientes:

- 5 cucharadas de aceite de oliva extra virgen, divididas
- 1 berenjena, en rodajas (sin pelar)
- 1 cebolla picada
- 1 pimiento verde, sin semillas y picado
- 1 libra de pavo molido
- 3 dientes de ajo picados
- 2 cucharadas de pasta de tomate
- 1 lata (14 onzas) de tomates picados, escurridos
- 1 cucharada de condimento italiano
- 2 cucharaditas de salsa Worcestershire
- 1 cucharadita de orégano seco
- ½ cucharadita de canela molida
- 1 taza de yogur griego natural sin azúcar y sin grasa
- 1 huevo batido
- ¼ de cucharadita de pimienta negra recién molida
- ¼ de cucharadita de nuez moscada molida
- ¼ taza de queso parmesano rallado
- 2 cucharadas de hojas de perejil fresco picadas

Direcciones:

Precalienta el horno a 400 ° F. Cocine 3 cucharadas de aceite de oliva hasta que brille. Agrega las rodajas de berenjena y dora de 3 a 4 minutos por cada lado. Transferir a toallas de papel para escurrir.

Regrese la sartén al fuego y vierta las 2 cucharadas restantes de aceite de oliva. Agrega la cebolla y el pimiento verde. Continúe cocinando hasta que las verduras estén blandas. Retirar de la sartén y reservar.

Saque la sartén al fuego y agregue el pavo. Cocine durante unos 5 minutos, desmenuzando con una cuchara, hasta que se dore. Agregue el ajo y cocine por 30 segundos, revolviendo constantemente.

Agregue la pasta de tomate, los tomates, el condimento italiano, la salsa Worcestershire, el orégano y la canela. Vuelva a colocar la cebolla y el pimiento morrón en la sartén. Cocine por 5 minutos, revolviendo. Combine el yogur, el huevo, la pimienta, la nuez moscada y el queso.

Coloque la mitad de la mezcla de carne en una fuente para hornear de 9 por 13 pulgadas. Capa con la mitad de la berenjena. Agregue la mezcla de carne restante y la berenjena restante. Unte con la mezcla de yogur. Hornee hasta que estén doradas. Adorna con el perejil y sirve.

Nutrición (por 100 g): 338 Calorías 5 g Grasas 16 g Carbohidratos 28 g Proteínas 569 mg Sodio

Solomillo de cerdo Dijon y hierbas

Tiempo de preparación: 10 minutos.

Hora de cocinar : 30 minutos

Porciones: 6

Nivel de dificultad: promedio

Ingredientes:

- ½ taza de hojas frescas de perejil italiano, picadas
- 3 cucharadas de hojas frescas de romero, picadas
- 3 cucharadas de hojas frescas de tomillo, picadas
- 3 cucharadas de mostaza de Dijon
- 1 cucharada de aceite de oliva extra virgen
- 4 dientes de ajo picados
- ½ cucharadita de sal marina
- ¼ de cucharadita de pimienta negra recién molida
- 1 (1½ libra) de lomo de cerdo

Direcciones:

Precalienta el horno a 400 ° F. Licúa el perejil, el romero, el tomillo, la mostaza, el aceite de oliva, el ajo, la sal marina y la pimienta. Procese durante unos 30 segundos hasta que quede suave. Extienda la mezcla uniformemente sobre la carne de cerdo y colóquela en una bandeja para hornear con borde.

Hornee hasta que la carne alcance una temperatura interna de 140 ° F. Retirar del horno y dejar reposar durante 10 minutos antes de cortar y servir.

Nutrición (por 100 g): 393 Calorías 3 g Grasas 5 g Carbohidratos 74 g Proteínas 697 mg Sodio

Filete con salsa de vino tinto y champiñones

Tiempo de preparación : minutos más 8 horas para marinar

Hora de cocinar : 20 minutos

Porciones: 4

Nivel de dificultad: Difícil

Ingredientes:

- Para el adobo y el filete
- 1 taza de vino tinto seco
- 3 dientes de ajo picados
- 2 cucharadas de aceite de oliva extra virgen
- 1 cucharada de salsa de soja baja en sodio
- 1 cucharada de tomillo seco
- 1 cucharadita de mostaza de Dijon
- 2 cucharadas de aceite de oliva extra virgen
- 1 a 1½ libras de filete de falda, filete de plancha o filete de tres puntas
- Para la salsa de champiñones
- 2 cucharadas de aceite de oliva extra virgen
- 1 libra de champiñones cremini, cortados en cuartos
- ½ cucharadita de sal marina
- 1 cucharadita de tomillo seco

- 1/8 cucharadita de pimienta negra recién molida
- 2 dientes de ajo picados
- 1 taza de vino tinto seco

Direcciones:

Para hacer el adobo y el filete

En un tazón pequeño, bata el vino, el ajo, el aceite de oliva, la salsa de soja, el tomillo y la mostaza. Vierta en una bolsa resellable y agregue el bistec. Refrigere el bistec para marinar durante 4 a 8 horas. Retire el filete de la marinada y séquelo con toallas de papel.

Cocine el aceite de oliva en una sartén grande hasta que brille.

Coloque el bistec y cocine durante unos 4 minutos por lado hasta que se dore profundamente por cada lado y el bistec alcance una temperatura interna de 140 ° F. Retira el bistec de la sartén y colócalo en un plato cubierto con papel de aluminio para mantenerlo caliente, mientras preparas la salsa de champiñones.

Cuando la salsa de champiñones esté lista, corte el filete a contrapelo en rodajas de ½ pulgada de grosor.

Para hacer la salsa de champiñones

Cocine el aceite en la misma sartén a fuego medio-alto. Agrega los champiñones, la sal marina, el tomillo y la pimienta. Cocine durante unos 6 minutos, revolviendo con poca frecuencia, hasta que los champiñones se doren.

Sofreír el ajo. Mezcle el vino y use el costado de una cuchara de madera para sacar los trozos dorados del fondo de la sartén. Cocine hasta que el líquido se reduzca a la mitad. Sirve los champiñones sobre el bistec.

Nutrición (por 100 g): 405 Calorías 5 g Grasas 7 g Carbohidratos 33 g Proteínas 842 mg Sodio

Albóndigas Griegas

Tiempo de preparación: 20 minutos.

Hora de cocinar : 25 minutos

Porciones: 4

Nivel de dificultad: promedio

Ingredientes:

- 2 rebanadas de pan integral
- 1¼ libras de pavo molido
- 1 huevo
- ¼ de taza de pan rallado integral sazonado
- 3 dientes de ajo picados
- ¼ de cebolla morada, rallada
- ¼ taza de hojas frescas de perejil italiano picadas
- 2 cucharadas de hojas de menta fresca picadas
- 2 cucharadas de hojas de orégano frescas picadas
- ½ cucharadita de sal marina
- ¼ de cucharadita de pimienta negra recién molida

Direcciones:

Precalienta el horno a 350 ° F. Coloque papel pergamino o papel de aluminio en la bandeja para hornear. Ponga el pan bajo el agua para mojarlo y exprima el exceso. Triture el pan húmedo en trozos pequeños y colóquelo en un tazón mediano.

Agrega el pavo, el huevo, el pan rallado, el ajo, la cebolla morada, el perejil, la menta, el orégano, la sal marina y la pimienta. Mezclar bien. Forme bolitas del tamaño de ¼ de taza con la mezcla. Coloque las albóndigas en la bandeja preparada y hornee durante unos 25 minutos, o hasta que la temperatura interna alcance los 165 ° F.

Nutrición (por 100 g): 350 Calorías 6 g Grasas 10 g Carbohidratos 42 g Proteínas 842 mg Sodio

Cordero con Habichuelas

Tiempo de preparación: 10 minutos.

Tiempo de cocción: 1 hora.

Porciones: 6

Nivel de dificultad: Difícil

Ingredientes:

- ¼ taza de aceite de oliva extra virgen, cantidad dividida
- 6 chuletas de cordero, sin grasa extra
- 1 cucharadita de sal marina, dividida
- ½ cucharadita de pimienta negra recién molida
- 2 cucharadas de pasta de tomate
- 1½ tazas de agua caliente
- 1 libra de ejotes, cortados y cortados por la mitad transversalmente
- 1 cebolla picada
- 2 tomates picados

Direcciones:

Cocine 2 cucharadas de aceite de oliva en una sartén grande hasta que brille. Sazone las chuletas de cordero con ½ cucharadita de sal marina y 1/8 cucharadita de pimienta. Cocine el cordero en el aceite caliente durante unos 4 minutos por lado hasta que se dore por ambos lados. Coloca la carne en una fuente y reserva.

Coloque la sartén de nuevo al fuego y ponga las 2 cucharadas restantes de aceite de oliva. Calentar hasta que brille.

En un bol, derrita la pasta de tomate en el agua caliente. Agréguelo a la sartén caliente junto con las judías verdes, la cebolla, los tomates y la ½ cucharadita de sal marina restante y ¼ de cucharadita de pimienta. Deje hervir a fuego lento, usando el lado de una cuchara para raspar los trozos dorados del fondo de la sartén.

Regrese las chuletas de cordero a la sartén. Deje hervir y ajuste el fuego a medio-bajo. Cocine a fuego lento durante 45 minutos hasta que los frijoles estén suaves, agregando agua adicional según sea necesario para ajustar el grosor de la salsa.

Nutrición (por 100 g): 439 Calorías 4 g Grasas 10 g Carbohidratos 50 g Proteínas 745 mg Sodio

Pollo en salsa de tomate y balsámico

Tiempo de preparación: 10 minutos.

Hora de cocinar : 20 minutos

Porciones: 4

Nivel de dificultad: promedio

Ingredientes

- 2 (8 oz. O 226,7 g cada una) de pechugas de pollo deshuesadas, sin piel
- ½ cucharadita sal
- ½ cucharadita Pimienta molida
- 3 cucharadas aceite de oliva virgen extra
- ½ taza tomates cherry cortados a la mitad
- 2 cucharadas chalota en rodajas
- ¼ c. vinagre balsámico
- 1 cucharada. ajo molido
- 1 cucharada. semillas de hinojo tostadas, trituradas
- 1 cucharada. manteca

Direcciones:

Cortar las pechugas de pollo en 4 trozos y batirlas con un mazo hasta que alcance un grosor de ¼ de pulgada. Use ¼ de cucharadita de pimienta y sal para cubrir el pollo. Caliente dos cucharadas de aceite en una sartén y mantenga el fuego a medio. Cocina las pechugas de pollo por ambos lados durante tres minutos. Colóquelo en un plato para servir y cúbralo con papel de aluminio para mantenerlo caliente.

Agregue una cucharada de aceite, chalota y tomates en una sartén y cocine hasta que se ablanden. Agregue vinagre y hierva la mezcla hasta que el vinagre se reduzca a la mitad. Ponga semillas de hinojo, ajo, sal y pimienta y cocine por unos cuatro minutos. Sácalo del fuego y revuélvelo con mantequilla. Vierta esta salsa sobre el pollo y sirva.

Nutrición (por 100 g): 294 Calorías 17 g Grasas 10 g Carbohidratos 2 g Proteínas 639 mg Sodio

Ensalada de arroz integral, queso feta, guisantes frescos y menta

Tiempo de preparación: 10 minutos.

Hora de cocinar : 25 minutos

Porciones: 4

Nivel de dificultad: Fácil

Ingredientes:

- 2 c. arroz integral
- 3 c. agua
- Sal
- 5 onzas o 141,7 g de queso feta desmenuzado
- 2 c. guisantes cocidos
- ½ taza menta picada, fresca
- 2 cucharadas aceite de oliva
- Sal y pimienta

Direcciones:

Coloque el arroz integral, el agua y la sal en una cacerola a fuego medio, cubra y lleve al punto de ebullición. Baja el fuego y deja que se cocine hasta que el agua se haya disuelto y el arroz esté suave pero masticable. Dejar enfriar completamente

Agregue el queso feta, los guisantes, la menta, el aceite de oliva, la sal y la pimienta a una ensaladera con el arroz enfriado y mezcle para combinar. ¡Sirva y disfrute!

Nutrición (por 100 g): 613 Calorías 18,2 g Grasas 45 g Carbohidratos 12 g Proteínas 755 mg Sodio

Pan Pita Integral Relleno De Aceitunas Y Garbanzos

Tiempo de preparación: 10 minutos.

Hora de cocinar : 20 minutos

Porciones: 2

Nivel de dificultad: promedio

Ingredientes:

- 2 bolsitas de pita integral
- 2 cucharadas aceite de oliva
- 2 dientes de ajo picados
- 1 cebolla picada
- ½ cucharadita comino
- 10 aceitunas negras picadas
- 2 c. garbanzos cocidos
- Sal y pimienta

Direcciones:

Corte los bolsillos de pita y déjelos a un lado. Ajuste el fuego a medio y coloque una sartén en su lugar. Agrega el aceite de oliva y calienta. Mezcle el ajo, la cebolla y el comino en la sartén caliente y revuelva hasta que las cebollas se ablanden y el comino esté fragante.Agregue las aceitunas, los garbanzos, la sal y la pimienta y mezcle todo hasta que los garbanzos se doren.

Coloque la sartén del fuego y use su cuchara de madera para triturar los garbanzos para que algunos estén intactos y otros aplastados Caliente sus bolsillos de pita en el microondas, en el horno o en una sartén limpia en la estufa

¡Rellénalas con tu mezcla de garbanzos y disfruta!

Nutrición (por 100 g): 503 Calorías 19 g Grasas 14 g Carbohidratos 15,7 g Proteínas 798 mg Sodio

Zanahorias Asadas con Nueces y Frijoles Cannellini

Tiempo de preparación: 10 minutos.

Hora de cocinar : 45 minutos

Porciones: 4

Nivel de dificultad: promedio

Ingredientes:

- 4 zanahorias peladas y picadas
- 1 c. nueces
- 1 cucharada. cariño
- 2 cucharadas aceite de oliva
- 2 c. frijoles cannellini enlatados, escurridos
- 1 ramita de tomillo fresco
- Sal y pimienta

Direcciones:

Ponga el horno a 400 F / 204 C y forre una bandeja para hornear o una asadera con papel para hornear Coloque las zanahorias y las nueces en la bandeja o sartén forrada Espolvoree aceite de oliva y miel sobre las zanahorias y las nueces y frote todo para asegurarse de que cada pieza está recubierto Esparza los frijoles en la bandeja y acomódelos entre las zanahorias y las nueces

Agrega el tomillo y espolvorea todo con sal y pimienta Coloca la bandeja en tu horno y asa durante unos 40 minutos.

Servir y disfrutar

Nutrición (por 100 g): 385 Calorías 27 g Grasas 6 g Carbohidratos 18 g Proteínas 859 mg Sodio

Pollo Con Mantequilla Sazonado

Tiempo de preparación: 10 minutos.

Hora de cocinar : 25 minutos

Porciones: 4

Nivel de dificultad: promedio

Ingredientes:

- ½ taza Crema batida espesa
- 1 cucharada. Sal
- ½ taza Caldo de hueso
- 1 cucharada. Pimienta
- 4 cucharadas Manteca
- 4 mitades de pechuga de pollo

Direcciones:

Coloque la sartén en el horno a fuego medio y agregue una cucharada de mantequilla. Una vez que la mantequilla esté tibia y derretida, coloque el pollo y cocine durante cinco minutos por cada lado. Al final de este tiempo, el pollo debe estar bien cocido y dorado; si es así, adelante y colóquelo en un plato.

A continuación, agregará el caldo de huesos a la sartén tibia. Agregue crema batida espesa, sal y pimienta. Luego, deja la sartén en paz hasta que la salsa comience a hervir a fuego lento. Deje que este proceso se lleve a cabo durante cinco minutos para que la salsa se espese.

Finalmente, vas a agregar el resto de la mantequilla y el pollo nuevamente a la sartén. Asegúrese de usar una cuchara para colocar la salsa sobre su pollo y sofreírlo por completo. Atender

Nutrición (por 100 g): 350 Calorías 25 g Grasas 10 g Carbohidratos 25 g Proteínas 869 mg Sodio

Pollo con tocino y queso doble

Tiempo de preparación: 10 minutos.

Hora de cocinar : 30 minutos

Porciones: 4

Nivel de dificultad: Fácil

Ingredientes:

- 4 onzas. o 113 g. Queso crema
- 1 c. Queso cheddar
- 8 tiras de tocino
- Sal marina
- Pimienta
- 2 dientes de ajo finamente picados
- Pechuga de pollo
- 1 cucharada. Grasa de tocino o mantequilla

Direcciones:

Prepara el horno a 400 F / 204 C Corta las pechugas de pollo por la mitad para adelgazarlas

Sazone con sal, pimienta y ajo. Engrase un molde para hornear con mantequilla y coloque las pechugas de pollo en él. Agrega el queso crema y el queso cheddar encima de las pechugas.

Agregue también las rodajas de tocino Coloque la sartén en el horno durante 30 minutos Sirva caliente

Nutrición (por 100 g): 610 Calorías 32 g Grasas 3 g Carbohidratos 38 g Proteínas 759 mg Sodio

Camarones al Limón y Pimienta

Tiempo de preparación: 10 minutos.

Hora de cocinar : 10 minutos

Porciones: 4

Nivel de dificultad: Fácil

Ingredientes:

- 40 camarones desvenados, pelados
- 6 dientes de ajo picados
- Sal y pimienta negra
- 3 cucharadas aceite de oliva
- ¼ de cucharadita pimentón dulce
- Una pizca de hojuelas de pimiento rojo triturado
- ¼ de cucharadita ralladura de limón rallada
- 3 cucharadas Jerez u otro vino
- 1½ cucharadas. cebollino en rodajas
- Jugo de 1 limón

Direcciones:

Ajuste su fuego a medio-alto y coloque una sartén en su lugar.

Agregue aceite y camarones, espolvoree con pimienta y sal y cocine por 1 minuto Agregue pimentón, ajo y hojuelas de pimienta, revuelva y cocine por 1 minuto. Agregue el jerez suavemente y deje cocinar por un minuto más.

Retire los camarones del fuego, agregue el cebollino y la ralladura de limón, revuelva y transfiera los camarones a los platos. Agregue jugo de limón por todas partes y sirva

Nutrición (por 100 g): 140 Calorías 1 g Grasa 5 g Carbohidratos 18 g Proteína 694 mg Sodio

Halibut empanizado y condimentado

Tiempo de preparación: 5 minutos.

Hora de cocinar : 25 minutos

Porciones: 4

Nivel de dificultad: Fácil

Ingredientes:

- ¼ c. cebollino fresco picado
- ¼ c. eneldo fresco picado
- ¼ de cucharadita pimienta negro
- ¾ c. migas de pan Panko
- 1 cucharada. aceite de oliva virgen extra
- 1 cucharadita ralladura de limón finamente rallada
- 1 cucharadita sal marina
- 1/3 c. perejil fresco picado
- 4 (6 oz. O 170 g. Cada uno) filetes de fletán

Direcciones:

En un tazón mediano, mezcle el aceite de oliva y el resto de los ingredientes excepto los filetes de fletán y el pan rallado.

Coloque los filetes de fletán en la mezcla y deje marinar durante 30 minutos Precaliente su horno a 400 F / 204 C Coloque un papel de aluminio en una bandeja para hornear, engrase con aceite en aerosol Sumerja los filetes en el pan rallado y póngalos en la bandeja para hornear Cocine en el horno durante 20 minutos Sirva caliente

Nutrición (por 100 g): 667 Calorías 24,5 g Grasas 2 g Carbohidratos 54,8 g Proteínas 756 mg Sodio

Salmón al Curry con Mostaza

Tiempo de preparación: 10 minutos.

Hora de cocinar : 20 minutos

Porciones: 4

Nivel de dificultad: Fácil

Ingredientes:

- ¼ de cucharadita pimiento rojo molido o chile en polvo
- ¼ de cucharadita cúrcuma, molida
- ¼ de cucharadita sal
- 1 cucharadita cariño
- ¼ de cucharadita polvo de ajo
- 2 cucharaditas mostaza de grano entero
- 4 (6 oz. O 170 g. Cada uno) filetes de salmón

Direcciones:

En un tazón, mezcle la mostaza y el resto de los ingredientes excepto el salmón. Precaliente el horno a 350 F / 176 C Engrase una fuente para hornear con aceite en aerosol. Coloque el salmón en una fuente para hornear con la piel hacia abajo y esparza uniformemente la mezcla de mostaza sobre los filetes. Coloque en el horno y cocine por 10-15 minutos o hasta que esté escamoso.

Nutrición (por 100 g): 324 Calorías 18,9 g Grasas 1,3 g Carbohidratos 34 g Proteínas 593 mg Sodio

Salmón con costra de nuez y romero

Tiempo de preparación: 10 minutos.

Hora de cocinar : 25 minutos

Porciones: 4

Nivel de dificultad: promedio

Ingredientes:

- 1 libra o 450 g. filete de salmón congelado sin piel
- 2 cucharaditas mostaza de Dijon
- 1 diente de ajo picado
- ¼ de cucharadita limón rallado
- ½ cucharadita cariño
- ½ cucharadita sal kosher
- 1 cucharadita romero recién picado
- 3 cucharadas migas de pan Panko
- ¼ de cucharadita pimienta roja molida
- 3 cucharadas nueces picadas
- 2 cucharaditas aceite de oliva virgen extra

Direcciones:

Prepare el horno a 420 F / 215 C y use papel pergamino para forrar una bandeja para hornear con borde. En un tazón combine la mostaza, la ralladura de limón, el ajo, el jugo de limón, la miel, el romero, el pimiento rojo triturado y la sal. En otro tazón, mezcle la nuez, el panko y 1 cucharadita de aceite.Coloque papel pergamino en la bandeja para hornear y coloque el salmón encima.

Unte la mezcla de mostaza sobre el pescado y cubra con la mezcla de panko. Rocíe ligeramente el resto del aceite de oliva sobre el salmón. Hornee durante unos 10-12 minutos o hasta que el salmón se separe con un tenedor Sirva caliente

Nutrición (por 100 g): 222 Calorías 12 g Grasas 4 g Carbohidratos 0.8 g Proteínas 812 mg Sodio

Espaguetis Rápidos con Tomate

Tiempo de preparación: 10 minutos.

Hora de cocinar : 25 minutos

Porciones: 4

Nivel de dificultad: promedio

Ingredientes:

- 8 oz. o 226,7 g de espaguetis
- 3 cucharadas aceite de oliva
- 4 dientes de ajo, en rodajas
- 1 jalapeño, rebanado
- 2 c. tomates cherry
- Sal y pimienta
- 1 cucharadita vinagre balsámico
- ½ taza Parmesano rallado

Direcciones:

Hierva una olla grande de agua a fuego medio. Agregue una pizca de sal y deje hervir, luego agregue los espaguetis. Deje cocer durante 8 minutos. Mientras se cocina la pasta, caliente el aceite en una sartén y agregue el ajo y el jalapeño. Cocine por 1 minuto más y luego agregue los tomates, la pimienta y la sal.

Cocine durante 5-7 minutos hasta que estalle la piel de los tomates.

Agrega el vinagre y retira del fuego. Escurre bien los espaguetis y mézclalos con la salsa de tomate. Espolvorea con queso y sirve de inmediato.

Nutrición (por 100 g): 298 Calorías 13,5 g Grasas 10,5 g Carbohidratos 8 g Proteínas 749 mg Sodio

Queso Horneado Con Orégano Y Chile

Tiempo de preparación: 10 minutos.

Hora de cocinar : 25 minutos

Porciones: 4

Nivel de dificultad: Fácil

Ingredientes:

- 8 oz. o 226,7 g de queso feta
- 4 onzas. o 113 g de mozzarella desmenuzada
- 1 ají en rodajas
- 1 cucharadita Orégano seco
- 2 cucharadas aceite de oliva

Direcciones:

Coloque el queso feta en un molde para hornear pequeño y hondo. Cubra con la mozzarella y luego sazone con rodajas de pimiento y orégano. cubra su sartén con una tapa. Hornee en el horno precalentado a 350 F / 176 C durante 20 minutos. Sirve el queso y disfrútalo.

Nutrición (por 100 g): 292 Calorías 24,2 g Grasas 5,7 g Carbohidratos 2 g Proteína 733 mg Sodio

311. Pollo Italiano Crujiente

Tiempo de preparación: 10 minutos.

Hora de cocinar : 30 minutos

Porciones: 4

Nivel de dificultad: Fácil

Ingredientes:

- 4 muslos de pollo
- 1 cucharadita albahaca seca
- 1 cucharadita Orégano seco
- Sal y pimienta
- 3 cucharadas aceite de oliva
- 1 cucharada. vinagre balsámico

Direcciones:

Sazone bien el pollo con albahaca y orégano. Usando una sartén, agregue aceite y caliente. Agrega el pollo en el aceite caliente. Deje que cada lado se cocine durante 5 minutos hasta que estén dorados y luego cubra la sartén con una tapa.

Ajuste el fuego a medio y cocine durante 10 minutos por un lado, luego voltee el pollo repetidamente, cocine por otros 10 minutos hasta que esté crujiente. Sirve el pollo y disfruta.

Nutrición (por 100 g): 262 Calorías 13,9 g Grasas 11 g Carbohidratos 32,6 g Proteínas 693 mg Sodio

www.ingramcontent.com/pod-product-compliance
Lightning Source LLC
Chambersburg PA
CBHW071819080526
44589CB00012B/847